Ben Redelings

Werder-Album

Unvergessliche Sprüche, Fotos, Anekdoten

Bildnachweis

Horstmüller: S. 20 (o.), 21, 73, 82 (u.), 92 (o.), 113 (u.), 118, 125 (u.), 147 (u.).

Imago: Cover (2), S. 1, 4 (2), 12 (o.), 15 (o.), 18, 23, 26 (u.), 29 (o.), 32, 36, 39, 40 (u.), 42, 47 (l.), 48 (o.), 52 (l.), 55 (u.), 61, 76 (o.), 85, 93 (u.r.), 101 (u.), 102, 105 (u.), 107 (o.), 115, 120, 123, 135, 149, 153, 157.

picture-alliance/dpa: S. 68, 151.

Witters: S. 4 (o.), 6 (o.), 7, 9, 31 (o.), 34, 37, 41, 47 (r.), 49 (u.), 57, 67, 70, 77, 80, 83, 103 (o.), 109, 110, 111, 114, 126, 139 (u.), 145, 154.

Bibliografische Information der Deutschen Nationalbibliothek:
Die Deutsche Nationalbibliothek verzeichnet diese Publikation in der Deutschen Nationalbibliografie; detaillierte bibliografische Daten sind im Internet über http://dnb.d-nb.de abrufbar.

Lotzestraße 22a, D-37083 Göttingen
www.werkstatt-verlag.de

Satz und Gestaltung: Hauke Ahlborn, Verlag Die Werkstatt
Druck und Bindung: Grafisches Centrum Cuno, Calbe

ISBN 978-3-7307-0105-8

Ben Redelings

Werder Album

Unvergessliche Sprüche, Fotos, Anekdoten

VERLAG DIE WERKSTATT

eutscher Meister 2004
Kiwi Rufer
SV Werder Bremen
her Meister 1993
TARGOBANK

»Früher kannte man uns nur in Osnabrück – **heute auf der ganzen Welt.**«

(Otto Rehhagel nach 14 Jahren Werder Bremen)

»Der zweckorientierte Ergebnisfußball steht Werder Bremen einfach nicht. Das ist praktisch gegen die eigene DNA.«

(Wolff-Christoph Fuss)

»Ich muss jetzt nach **GE**lsenkirchen!«

(Ailtons wehmütiger Abschied aus Bremen)

»Werder Bremen, die spielen so zuverlässig wie die **Nussknacker.**«

(Werner Hansch)

»Wer glaubt an Spuk und Geister – **Werder Meister!**«

(Fan-Banner im Meisterjahr 1965)

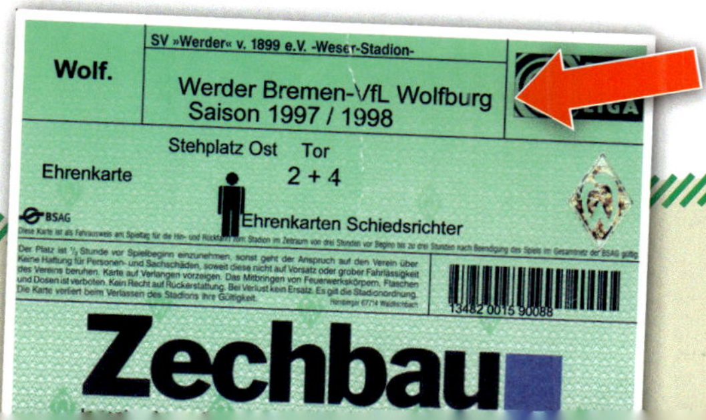

»Druck verspüre ich nur, wenn ich morgens auf die Toilette gehe.« *(Oliver Reck)*

»Entweder **wird** er ein **richtiger Fußballer**, oder er **bleibt** ewig ein **Österreicher!**« *(Christoph Daum über den Wiener Andy Herzog)*

»In Deutschland läuft der Karneval anders, als ich ihn kenne. **Hier ziehen sich alle komisch an – in Brasilien ziehen sich immer alle aus.**« *(Ailton)*

Sarah Arnautovic

- 11 Oktober 1989/90
- Sarah Lizakowski
- Deutsche mit polnischen Wurzeln
- eine Schwester
- beste Freundin heißt Eva
- arbeitete als Zahnarzthelferin & Model
- Ehefrau von Marko Arnautovic
- lernten sich 2010 in der Bremer Disco "La Viva" kennen
- 7 Juni 2012 Hochzeit
- gefeiert wurde an der Meierei im idyllischen Bürgerpark
- Sie heiratete hochschwanger
- Flitterwochen auf Sardinien
- 16 Juli 2012 Tochter Emilia geboren im Bremer Krankenhaus Links der Weser
- Marko verpasste die Geburt, weil er zu spät aus dem Trainingslager ins Krankenhaus kam
- Sarah rief Marko um 5 Morgens an: „Marko es ist soweit, unser Baby kommt."
- wohnen in England, nahe Stoke
- haben 2 Hunde (Diego & Louis)
- sie arbeitet nicht, sondern ist Zuhause bei Emilia
- Sarah mag Tattoos
- Sie hat Silikonbrüste

Passt, zumindest bis auf die Haarfarbe.

Quelle: perfect-football-wags.tumblr.com/infos

»Wir dürfen uns nicht zu weit aus dem Fenster werfen.« *(Ivan Klasnic)*

Marko Arnautovic über seine Traumfrau:

»Sie muss tätowiert sein, das steht bei mir an erster Stelle. Und schwarze Haare und **Silikonbrüste** haben.« Auf die Frage nach der gewünschten Größe der künstlichen Oberweite sagte er: »Puh, da kenne ich mich nicht aus. Aber meine Freundin hat auf jeden Fall welche.« Falls seine Freundin mal doch Kritik an ihm hat, will er das nicht hören: »Sie muss mich nehmen, wie ich bin. Und wenn ihr etwas nicht passt … Die Tür ist offen.«

»Auch wenn wir heute verlieren, **einer von euch kommt heute noch ins Krankenhaus.**«

(Uli Borowka)

»Ich habe immer gesagt, mich interessiert nicht, wer spielt. **Hauptsache, ich spiele.**«

(Mario Basler)

»Ich wollte **kein Bodybuilder werden** und kein Carl Lewis. **Ich wollte** mit dem Ball am Fuß **zum nächsten Tor flitzen.**«

(Rudi Völler)

»Vorne Banane, hinten Banane.«

(Nils Petersen)

»Ich hätte zehn Stunden vor der Kurve schreien können.«

(Zlatko Junuzovic nach einem Siegtor von ihm in Braunschweig)

Starschnitt
Otto Rehhagel

»Ich bin ein Kind der Bundesliga. Das gibt sogar meine Mutter zu.«

Foto: Jörg Landsberg

Eine UMBESETZUNG... ist nicht geplant, es bleibt bei den gewohnten Rollen: Otto Rehhagel trainiert Werder Bremen, Klaus Pierwoß leitet auch künftig als Generalintendant das Bremer Theater. Aber der Vorhang geht auf zu einer neuartigen Zusammenarbeit zwischen Fußball und Theater.

»Wozu braucht meine Mannschaft Doping? **Sie hat ja mich.«**

»Ich lasse mich nicht als Fußmatte benutzen. Wenn Manager und Präsident rumtanzen, und ich darf die Gymnastik vormachen – **das ist nicht meine Welt.«**

»Mein Freund Jürgen Flimm wohnt in Hamburg-Blankenese, und dann schauen wir raus und träumen davon, dass noch einmal **ein Schiff kommt und uns mitnimmt.«**

»Jetzt!
Jetzt betritt Otto Rehhagel deutschen Boden!«

(Rolf Töpperwien bei der Rückkehr von Werder Bremen nach dem Europapokalsieg 1992)

»Rehhagel geht mit Goethe ins Bett, ich mit meiner Frau.«

(Friedel Rausch)

»Ich habe ein Gedicht für dich, und ich rufe dir zu, Erich:
Nach trüben, widerwärtigen Tagen eilen des sanften Glücks frohere Stunden wieder herbei!«

(Bei einer »ran«-Leitung zu seinem Trainerkollegen Erich Ribbeck, nachdem Werder Bremen knapp vor den Bayern Meister wurde)

»Der Otto ist nun mal kein Thekentrainer.«

(Willi Lemke)

1. August 1982: Willi Lemke mit Otto Rehhagel bei der morgendlichen Zeitungslektüre.

»Nein, da ist ja inzwischen Schnee über die Sache gewachsen.«

(Andreas Herzog auf die Frage, ob er Oliver Kahn, der ihm vor Jahren nach einem Gegentor an die Kehle ging, immer noch böse sei)

»Ich will nicht, dass er so oft fort ist. Ja, ich will auch nicht, dass er in Italien spielt. **Ich habe keine Lust, in der Hitze zu brüten.«**

(Marit Bratseth, ihr Ehemann Rune blieb daraufhin in Bremen und verabschiedete sich von der Nationalelf.)

Dieter Ferner auf die Frage, wie viel mit dem Start der Bundesliga finanziell für ihn rumkam:
»Ich will nicht angeben. Ich kann nur sagen: Es hat sich gelohnt!«
Kollege Erlhoff: **»Halb Bremen gehört dem!«**

Ein großer Fan von Werder Bremen ist auch der **legendäre Musiker James Last**. Nicht nur, weil er in Bremen geboren wurde, sondern weil, wie er so schön sagt, die **»Spieler Swing haben«**!

Fußball und Musik – gibt's da Gemeinsamkeiten? Es ist gar nicht so einfach, den Fußball und die Musik unter einen Hut zu bringen – oder doch? Bestimmt! Es ist vor allem die Spielfreude, an der wir unsere Fans und Freunde teilhaben lassen, die beides verbindet.

euto gibt es ja nicht immer Gutes **P.S.:** Ach ja, zu meinem Fußballspiel ist zu sagen: Ich

»Wir machen jetzt ein Tischtennisturnier, und der Beste spielt.«

(Marco Bode)

Panini Premium Card Saison 1995/96

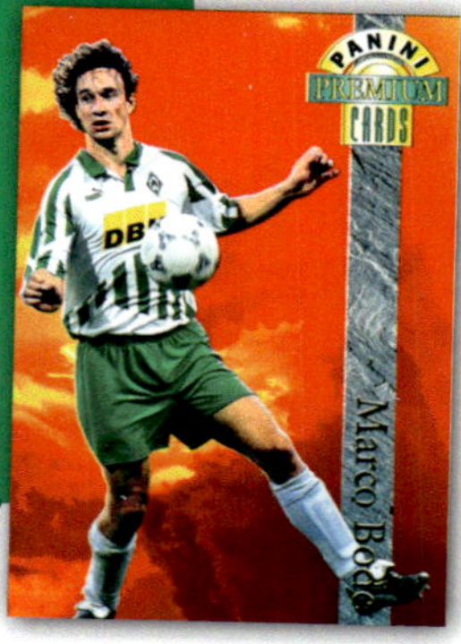

»**Stärke:**
Meine ruhige Art.
Schwäche:
Meine ruhige Art.«

(Frank Baumann auf seiner Internetseite)

»Fußball ist eine harmlose Sportart. Wie viele Tote hat es denn schon bei Autorennen und beim Boxen gegeben! Wie viel Pferde bekamen bei der Military den Gnadenschuss! **Bei uns sind im schlimmsten Falle mal einem die Bänder gerissen.**«

(Otto Rehhagel)

»Wer behauptet, die Männer könnten nicht mehr küssen, der hat noch kein Tor auf dem Fußballplatz erlebt.«

(»Werder-Revue«)

Reporter

»Gute Frau, schicken Sie mir Ihren Bruder, mit dem rede ich.«

(Otto Rehhagel zur Reporterin Sabine Töpperwien)

Sabine Töpperwien mit Bruder Rolf im Juli 1987

»Herr Schaaf, nehmen Sie doch bitte das Kind vom Platz.«

(Marcel Reif über Marko Marin)

»Wenn Bremen so weiter wechseln muss, ist der Busfahrer auch bald dran.«

(Wolf-Dieter Poschmann)

»Je fester der Griff, je loser die Absicht.«

(Werner Hansch kommentiert den Griff von Stéphane Chapuisat in Rune Bratseths Intimzone)

»Zum Glück habe ich nur eine Struktur.«

(Thorsten Legat nach einem Verdacht auf Beinbruch)

»Das wird alles von den Medien **hochsterilisiert**.«

(Bruno Labbadia)

Ein Fehldruck aus dem Jahre 1998. Zu sehen ist Labbadia, beschriftet ist das Sammelbild aber mit dem Namen Victor Skripnik.

Den Wechsel von Bremens Manager Willi Lemke als Bildungssenator in die Politik kommentiert Leverkusens Schwergewicht Reiner Calmund so:

»Klar, kann ich mir so etwas auch vorstellen. Aber nur in die Bundespolitik – als Wirtschafts- und Ernährungsminister.«

»Gegen uns hätten wir auch gewonnen.«

(Klaus Allofs)

»Hallo, hier spricht der Räuber Hotzenplotz …«, meldete sich eine Kinderstimme auf dem AB von Karl-Heinz Riedle: Sohn Alessandro, vier Jahre alt.

Im Januar 1995 sagte Bremens Coach Otto Rehhagel allgemein über das Thema Trainer-Entlassungen in der Bundesliga:

»Vor 17 Jahren haben sie mich mal bei Fortuna Düsseldorf entlassen. Und wo steht die Fortuna heute? Es hat überhaupt nichts genutzt!«

»Es war schwierig, am Erbe von Otto und Beate vorbeizukommen. **Ich wollte Viererkette spielen, aber für viele Spieler war das damals taktisch zu schwierig.**«

(Aad de Mos als Rehhagel-Nachfolger in Bremen)

»Ich bin eine Kanone.«

(Trainer Fritz Langner)

Fritz Langner

»Wenn Tim Borowski nicht abhebt, wird er einmal ein ganz großer Spieler. Er hat etwas von Effenberg, Ballack und Schwarzenbeck. Außerdem briegelt er ein wenig und hat Matthäus den Taktstock geklaut.«

(Leserbrief in der »Sport Bild«)

»Ich zähle keine Tore, ich zähle **nur Meisterschaften**.«

(Rune Bratseth nach seinem ersten Saisontor in der Spielzeit 1993/94)

»Werders Antwort auf Charly Chaplin.«

(Max Merkel über Oliver Reck)

»Es gibt andere Branchen,
in denen wesentlich
mehr verdient wird.
Zum Beispiel Michael Schumacher, und der sitzt dabei noch gemütlich im Auto.«

(Jürgen Born zur Diskussion um Gehaltskürzungen wegen der Kirch-Krise)

»Mit jedem Tor ist er um dreißig Zentimeter gewachsen, er ist jetzt 2,50 m groß – und das ist gut so, denn wir brauchen gute Kopfballspieler.«

(Frank Baumann, sein Mannschaftskollege bei Werder Bremen, zu den EM-Toren von Angelos Charisteas 2004)

»Mal bin ich **beliebt wie Fußpilz,** und dann bin ich **auf einmal der Fußball-Gott.**«

(Tim Borowski)

»Baiano mit dem Charme einer **Planierraupe**.«

(Werner Hansch)

In Bremen steht Anfang der Saison 1973/74

ein junges Talent im Fokus des öffentlichen Interesses: Uwe Bracht. Sein Mannschaftskollege und Werder-Torwart Günter Bernard sagt anerkennend: **»Der Uwe kann einmal einer werden. Das ist schon jetzt ein kleiner Overath!«** Und Coach Sepp Piontek weist auf einen wichtigen Aspekt hin: **»Uwe Bracht trainiert schon fast ein Jahr länger bei den Profis als die anderen und führt bei der Bundeswehr ein weitgehend von schädlichen Einflüssen abgeschirmtes Leben.«** Uwe Bracht verdient sich in 272 Bundesligaspielen den Ruf, einer der besten Zehner der Werder-Vereinsgeschichte zu sein. 1983 beendet er wegen einer Verletzung mit 30 Jahren seine Karriere.

»**Ich** motiviere **die Mannschaft** und meine **Beate mich**!«

(Otto Rehhagel)

Starschnitt Ailton

»Ich mache schöne Augen, die Stuttgarter Abwehr hat keine Chance, der Torwart auch nicht. **1:0, das ist Ailton.**«

»Das ist verkauft – **an Klose.**«

(Auf die Frage, ob er zum Bundesliga-Auftakt bei seinem ehemaligen Klub Werder Bremen in »sein« Stadion zurückkehre)

»Alles, was ich bisher über Gelsenkirchen gehört habe, **ist ein Desaster.**«

(Über die Stadt seines zukünftigen Vereins)

»Ich habe das doch alles in Brasilien schon mitgemacht, als ich bei Guarani war. Da brauchte ich nur den Ball zu berühren, und los ging's mit den **Pfiffen und Beleidigungen**. Weil ich angeblich der bestbezahlte Spieler war und nicht genug für die Mannschaft tat. Und wenn ich heute zurückkehre, fragen die Leute: Ailton, wann kommst du wieder? Ich wünsche mir, dass das in Bremen auch so wird.«

Ailton und Johan Micoud im neuen Mannschaftsbus

»Jetzt lernt Ailton den **TEURO** kennen.«

(Klaus Allofs zum Fehlen des brasilianischen Torjägers beim Training)

»Ailton rennt nur immer nach vorn und geradeaus. Als die technisch versierten Brasilianer das Kombinieren geübt haben, hat er wohl gefehlt.«

(Andreas Herzog)

»So ist halt der Toni: **Wenn er müde wird, kratzt er sich am Kopf.«**

(Ralf Rangnick über Ailton, der ihm bei einer Auswechslung den Vogel zeigte)

»Ailton ist der einzige Bundesligaspieler mit einer Figur wie ein Schneemann.«

(ARD-Kommentator)

Ailton

Wie dick ist denn nun der Torjäger?

Sport-Bild hat ihn genau vermessen und einen Modeberater befragt

seinem Traum ein großes Stück Werbung für Unter-

»Der ist ja fast so dick wie unser Brasilianer.«

(Frank Baumanns Vergleich mit dem Hertha-Maskottchen)

Otto Rehhagel mit Beate im August 1978

»Meine Frau will sich immer mit mir streiten. Dann sage ich:
›Beate, alles unwichtig, der Ball muss ins Tor!‹«

(Otto Rehhagel)

»Im ersten Moment war ich nicht nur glücklich, **ein Tor geschossen** zu haben, sondern **auch**, dass der **Ball reinging**.«

(Mario Basler)

»Immer die Castroper Straße rauf.«

(Thorsten Legat auf die Frage, wie er damals in Bochum als junger Spieler zum Bodybuilding gekommen sei)

»Die einzig authentische Antwort wäre manchmal ein **gepflegter Leberhaken**.«

*(Jens Todt über die Frage der Reporter nach Spielschluss: **»Wie fühlen Sie sich?«**)*

PLAYBOY

Die lustigsten Männer im weiten Rund sind meist die Stadionsprecher – jedenfalls glauben sie es recht häufig von sich selbst. In Bielefeld feiert der Mann am Mikrofon den 2:0-Sieg der Arminia über Bremen mit folgenden Worten:

»Werder muss sich vorgekommen sein wie beim Friseur. Dort gibt es auch immer Packungen!«

»Wenn aus der Reihe der besten Torsteher mal der beste vortreten soll, es käme Rollmann nach vorn.«

(Otto Rehhagel über Jürgen Rollmann)

»Mit dem Ball ist er **Weltklasse** – ohne Ball **Kreisklasse**.«

(Otto Rehhagel über Uwe Reinders)

»Einstein, das war schon ein anderer Mensch als ich. Aber bezogen auf den Fußballplatz kann man uns doch verglei-chen. **Genie bleibt eben Genie. Wobei irgendwann bei mir auch wieder der Wahnsinn ausbrechen wird.**«

(Mario Basler)

»Als Vorsichtsmaßnahme haben wir unseren Spielern verboten, im Hühnerstall zu übernachten.«

(Werder-Sportchef Klaus Allofs über die Angst vor der Vogelgrippe im türkischen Trainingslager)

15. Mai 2004: Sportdirektor Klaus Allofs hat zur Feier des Tages eine Wollmütze in den »Vereinsfarben« aufgesetzt.

»SV Werder? Der neue Meister heißt **SV Wille**!«

(Christoph Daum, nachdem sich Werder am letzten Spieltag der Saison 1992/93 knapp gegenüber den Bayern durchgesetzt hatte)

»Ich spiele weiterhin mit Risiko. Schließlich profitieren alle davon: Wir, das Publikum und auch der Gegner.«

(Der niederländische Trainer Aad de Mos)

»Magaths Training ist wie ein Zahnarzttermin. Man fürchtet sich vorher, aber danach fühlt man sich besser!«

(Der Frankfurter Jan-Age Fjörtoft über den ehemaligen, eher nicht so erfolgreichen Werder-Trainer)

Willi Lemke, der alte Fuchs, weiß, wie man seine Sponsoren ins Gespräch bringt. Sechs Spiele vor Schluss der Saison 1984/85 liegt Bremen nur einen Punkt hinter den Bayern, und was macht der Werder-Manager? Er verspricht den Münchner Gegnern ein Fässchen Bremer Bier für jeden Punkt, den sie den Bayern abnehmen. Die Marke des Gerstensaftgetränks liefert der emsige Lemke natürlich in jedem Interview gleich mit.

Eine feurige Idee haben die Verantwortlichen des **SV Werder zum 100-jährigen** Bestehen ihres Klubs. Vor der Partie gegen den VfL Bochum (1:1) **dürfen Fans 100 bengalische Feuer entzünden**. Doch das leuchtende Spektakel geht nach hinten los. Bereits nach wenigen Sekunden kann im Stadion niemand mehr irgendetwas sehen, so verraucht ist der Innenraum des Stadions. Und der Rauch will sich auch nach dem Abbrennen der Bengalos einfach nicht mehr aus dem weiten Rund des Weserstadions verflüchtigen. Bochums Manager Klaus Hilpert ist von der Aktion so begeistert, dass er hustend seine Bremer Kollegen fragt: **»Mensch, sagt mal, wo kann man denn diese tollen Dinger kaufen? Das wollen wir jetzt auch jede Woche im Ruhrstadion machen!«** Mit achtminütiger Verspätung wird die Begegnung schließlich doch noch angepfiffen.

Otto Rehhagel hat gelernt mit seinem Spitznamen »Otto II.« zu leben: **»Besser die nennen dich ›Otto II‹ als ›Heinrich den Achten‹ – der hat seine ganzen Weiber umgebracht!«**

»Wenn der Ball am Torwart vorbeigeht, **ist es meist ein Tor**.«

(Mario Basler)

Panini Premium Card Saison 1995/96

»Die Tabelle lügt nicht.«

(Franz Böhmert, langjähriger Präsident von Werder Bremen)

»Raus, links, Mitte, rechts. **Und tschüss**.«

(Junior Baiano)

»Ich könnte auch einige positive Dinge von mir aufzählen, aber das **dauert zu lange**.«

(»Pannen«-Oli Reck)

Starschnitt
Klaus Allofs

»Das ist eine Auszeichnung, dass man nicht vergessen worden ist.«

(Klaus Allofs als Manager vom VfL Wolfsburg über unflätige Beschimpfungen gegen ihn aus dem Fanblock von Werder Bremen.)

»Man muss nicht immer zaubern, es geht auch mit 1:0 aufwärts.«

»Gnadenbrot gibt es nur für Pferde, im Profifußball aber wird dir nichts geschenkt. Geld gibt es nur für Leistung.«

»Nach so einem Tag bin ich froh, wenn ich ohne Verletzung in den Bus einsteige.«

(Nach einer deutlichen Niederlage)

»Für Eto'o ist im September schon Weihnachten. Der musste in keinen Zweikampf gehen, weil wir einfach nicht nah genug am Mann standen.«

»Ein Torriecher ist wahrscheinlich wie Fahrrad fahren – das verlernt man auch nicht.«

»Vielleicht sollten wir es mal mit Stromstößen versuchen, aber das ist ja nicht erlaubt.«

(Nach einem schlechten Spiel über neue Maßnahmen fürs Team)

»Hoffentlich sagt es keiner der Gewerkschaft.«

(Wegen zweier Spiele in 39 Stunden)

»Jäger kommen manchmal ohne Beute nach Hause. Trotzdem muss es am nächsten Tag weitergehen, sonst werden sie verhungern.«

(Sehr poetisch gestimmt nach einer Niederlage)

Manager Klaus Allofs genießt den Meisterschaftssieg 2004 in München zwar sehr – aber nicht, wie er es noch als Spieler konnte, in vollen Zügen: **»Jetzt muss ich bei allen Feierlichkeiten schon noch den Überblick bewahren. Ich kann schließlich schlecht kurz nach Schlusspfiff irgendwo in der Ecke liegen.«**

»Es gibt drei Leute im Stadion, die das nicht gesehen haben. Und die, die am Bierstand waren.«

(Klaus Allofs über einen nicht geahndeten Tritt von Kaiserslautern-Stürmer Dorge Kouemaha gegen den Kopf von Sebastian Prödl)

»Hoffentlich machen nicht mal zehn Mann gleichzeitig den Mund auf. Alle eine Abmahnung – **dann hat Deutschland keine Spieler mehr**.«

(Mario Basler wundert sich über die neue Praxis in der Nationalmannschaft, Spieler für kritische Äußerungen abzumahnen.)

»Ich wollte mich schon schämen, so schlecht hatte ich den Ball getroffen, da segelte er plötzlich ins Tor.«

(Jürgen Röber nach einem Pokaltreffer für Werder im November 1977)

»Ja.

Aber meine Enkel wurden mittlerweile enterbt.«

(Franz Beckenbauer auf die Frage, ob es in seiner Familie auch Fans von Werder Bremen gibt)

Juli 1981: Der neue Manager Willi Lemke präsentiert das Erfolgskonzept des SV Werder Bremen, Präsident Dr. Franz Böhmert (l.) und Trainer Otto Rehhagel sind Teil dieses Gerüsts.

Willi Lemke wird 1981 Manager in Bremen:

Präsident Dr. Franz Böhmert ist begeistert von den Ideen des SPD-Parteisekretärs zur Führung eines Bundesligavereins, aber wie soll er einen roten Politiker seinen Sponsoren schmackhaft machen? Er hat einen Plan: Er mietet einen Raum, lädt die wichtigsten 50 Geldgeber ein, lässt Willi Lemke eine Stunde erzählen und wartet ab, was passiert. Es geschieht genau das, worauf Böhmert gehofft hatte. Die Sponsoren kommen auf ihn zu und sagen ihm: »Mensch, wenn ihr mal einen neuen Manager braucht, nehmt doch den Lemke!« Böhmert lächelt still in sich hinein und verpflichtet am nächsten Morgen Willi Lemke als Nachfolger von Rudi Assauer.

Vor dem Spiel in Frankfurt in der Saison 1981/82 sagt Trainer Otto Rehhagel:

»Das ist die Eintracht, hier kann man 2:0 gewinnen oder aber auch acht Treffer einfangen.«

Am Ende heißt es 9:2 für Frankfurt.

»Die Spieler können so lange Ostereier suchen, wie sie wollen. Vor lauter Training werden sie keine finden.«

(Felix Magath)

»Basler war in der ersten Halbzeit recht lebhaft. Das lag wohl auch an den Temperaturen. Da musste er laufen, um nicht zu erfrieren.«

(Franz Beckenbauer)

»Torwart Borel hat gezeigt, dass er auch Bälle festhalten kann.«

(Thomas Schaaf zur Leistung des oft kritisierten Bremer Torhüters)

»Ich bin mir bewusst, dass ich nicht mehr der Werder-Willi bin.«

(Werders früherer Manager Willi Lemke zu seinem Job als UN-Sonderbeauftragter für Sport)

Die Saison 1987/88 ist die Spielzeit des SV Werder Bremen – vor allem, weil der Erfolg so unerwartet kommt. Eigentlich hat man sich an der Weser auf ein Jahr des Übergangs eingerichtet. Ohne Völler und Pezzey geht man in die neue Runde, und die Zeitungen titeln: **»Aus ›Rehhagels Rentnerband‹ wird ›Rehhagels Rasselbande‹.«** Der Trainer selbst sagt: **»Ich baue das Werder-Team der 1990er Jahre.«** Und dieser Umbau gelingt schnell. Mit Karl-Heinz Riedle holt man vom Absteiger Blau-Weiß 90 Berlin einen hervorragenden Ersatz für Rudi Völler, und in den eigenen Reihen reifen Gunnar Sauer und Rune Bratseth zu souveränen Abwehrstrategen heran. Bremen kassiert nur 22 Gegentreffer. Auch dank des großartigen Teamgeistes, den Trainer Otto Rehhagel fast poetisch besingt: **»Bei uns ist es der Zusammenhalt, der uns so stark macht. Mir nutzen Stars nichts, ich brauche elf Leute. Bei einem Geigenvirtuosen mag das gehen. Aber eine Mannschaft ist wie ein Chor. Wenn da einer einen Kloß in der Kehle hat, kommen schiefe Töne raus.«**

DIE LAGE DER LIGA

Mit Sauer wird's wieder süßer

Wie gut, daß Frank wieder trifft

Starschnitt Mario Basler

»Bei mir nicht, ich spiele ja nur 70 Minuten.«

(Auf die Frage, ob es in der neuen Saison zu einer Überbelastung der Fußballprofis kommt)

„Quatsch, wir zocken nie um viel Geld. Höchstens um 3.000 DM!«

(Im Trainingslager der deutschen Nationalmannschaft)

Mario Basler im Gespräch mit Hansi Gundelach

»50 Prozent der Spieler hassen mich.«

»Einen zusammen saufen wäre vielleicht mal gar nicht so schlecht.«

(Vorschlag zur Verbesserung des Betriebsklimas in der Mannschaft)

»Trainer, hat's so was wirklich gegeben?«

(Beim Besuch der Holocaustgedenkstätte in Yad Vashem anlässlich der Länderspielreise nach Israel zu Berti Vogts)

»Ich bin jetzt 37. Seit genau 24 Jahren.«

(Auf die Frage, wie lange er schon raucht)

»Baslers Freistöße sind wie das wirkliche Leben: **mal weich und kurz, mal hart und lang.**«

(Jörg Wontorra)

»Der Mario ist ja ein Profi, der geht nicht so gerne vors Haus.«

(Sagt Markus Babbel und lacht sich kaputt.)

»Das Verhältnis ist nicht zerrüttet. Zerrüttet kann nur eine Ehe sein.«

(Erich Ribbeck über sein Verhältnis zu Basler)

»Ich habe viel mit Mario Basler gemeinsam. Wir sind beide Fußballer, **wir trinken beide gerne mal einen, ich allerdings erst nach der Arbeit.**«

(Felix Magath)

»Gehört Basler wieder zum Aufgebot?«

(Der portugiesische Nationalspieler und Ex-Dortmunder Paulo Sousa auf die Frage, vor welchem deutschen Nationalspieler er besonderen Respekt habe)

Absolut rekordverdächtig!

Werders Ersatztorhüter Klaus Funk sitzt seit Jahren auf der Bremer Bank, ohne je einmal gespielt zu haben. Am 32. Spieltag der Saison 1984/85 in Braunschweig reicht es wieder nur für den Platz draußen, diesmal allerdings nach einer Linienrichter-Beleidigung sogar für ganz draußen. Funk: **»Das dürfte eine einmalige Sache in der Bundesliga sein. Kein Spiel für Werder bestritten und doch schon vom Platz geflogen.«**

»Ich kann nicht langfristig planen und kurzfristig verlieren.«

(Otto Rehhagel)

»Einer Schachfigur verspringt kein Ball, bloß weil sie schlecht geschlafen hat.«

(Felix Magath über Parallelen und Nicht-Parallelen von Schach und Fußball)

Mai 2004: Werder Bremen feiert in München den Meistertitel, und Ivan Klasnic wirft seine Schuhe in den Fanblock.

»Das war ein Märchen mit dem Titel **›Scheiße und Juchhu‹.«**

(Ivan Klasnic nach einem 3:2-Sieg mit Werder Bremen gegen Juventus Turin)

»Man hat Ailton schon in Bremen gesehen, aber er hat offenbar noch keinen Weg gefunden, das Meer zu überwinden.«

(Tino Polster über den Brasilianer, der noch immer nicht im Trainingslager auf Norderney eingetroffen war)

»Action ist mein Leben, und Einfälle habe ich Tausende!«

(Willi Lemke)

»Wir sind mit einem blauen Auge davongekommen – und das war schon zugeschwollen.«

(Bruno Labbadia)

Jörg Wontorra im Interview mit Mirko Votava 1985

»Wenn Sie jemandem einen Streich spielen wollen, schenken Sie ihm eine Dauerkarte fürs Weserstadion.«

(Jörg Wontorra nach einem 0:0)

»Lieber mit Basler Meister als mit elf grauen Mäusen Zwölfter.«

(Präsident Franz Böhmert)

»Der FC Bayern hat 80 Mio. Euro ausgegeben, um einen Punkt vor uns zu stehen. Was wollen die ausgeben, wenn sie drei Punkte vor uns stehen wollen?«

(Präsident Jürgen L. Born)

»Die Bayern waren **nicht eine Klasse besser** als wir. In den entscheidenden Situationen waren **wir eine Klasse schlechter** als die Bayern.«

(Per Mertesacker)

Franz Beckenbauer ist in der Saison 1969/70 Schriftführer und Herausgeber des »Bayern-Echo«. Und in dieser Eigenschaft macht sich der Nationalspieler nach der entscheidenden Niederlage im Kampf um die Meisterschaft am 21. April in Bremen (1:0 für Werder) erst einmal Luft: **»Die Bremer Mannschaft durfte dazwischenhauen, wie sie wollte. Im Privatleben würde man sie wahrscheinlich wegen Körperverletzung einsperren, auf dem Fußballplatz dürfen sie alles machen. Bei den brutal einsteigenden Bremern wären Knochenbrüche durchaus drin gewesen.«** Was für ein schönes Lob aus berufenem Munde!

Frage an Uli Borowka (von Sabine B. aus 2000 Hamburg 60):
»Sind Sie eigentlich romantisch?«
Antwort: »Da muss ich meine liebe Frau fragen.«
Darauf Carmen Borowka: »Nein!«

Uli Borowka und seine Frau Carmen 1992 nach dem Sieg im Europapokal der Pokalsieger

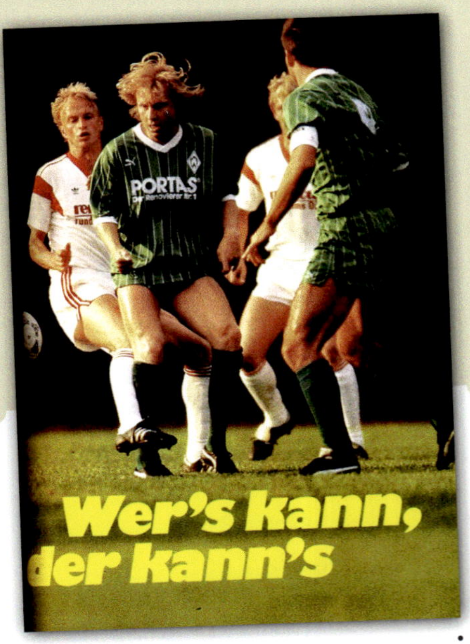

Frage an Manni Burgsmüller (von Roland M. aus 8930 Schwabmünchen):

»Würdest du dich nackt fotografieren lassen?«

Antwort:

»Fürs Familienalbum schon, für andere Zwecke nicht.«

»In Bremen duze ich nur meine Frau.«

(Otto Rehhagel)

Christian Günther, der Stadionsprecher bei Werder Bremen, legt vor einer Partie im September 1992 gegen Bayer Uerdingen die Platte »Ich hab mich so auf dich gefreut« auf. Ein Scherz, gerichtet an all diejenigen, die an diesem Tage nicht erschienen waren. Die nur 10.959 Besucher des Spiels haben dennoch ihren Spaß – denn Werder siegt mit 2:1.

»Wenn du die Schule schleifen lässt, musst du Fußballtrainer werden.«

(Otto Rehhagel)

»Basler ist gerade auf der Autobahn zwischen Dortmund und Hannover, weil Horst Hrubesch gesagt hat, der Weg in die Nationalelf führt nur über die A2.«

(Django Asül, Kabarettist)

»Der rennt, als hätten sie ihm Pampers-Windeln in die Hosen genäht – aber Tore macht er trotzdem.«

(Max Merkel über Frank Neubarth)

»Aber, Kleiner: Du musst dich auch nicht wundern, wenn einer wie der van Bommel dich beim Einlaufen vorm Anpfiff an die Hand nimmt, weil er denkt, du wärst einer aus der E-Jugend.«

(Mario Basler über Marko Marin)

»Ich muss ja bald wissen, ob es sich lohnt, in Bremen den Dachboden auszubauen.«

(Mario Basler, kurz danach bekam er ein Vierjahresangebot von Werder.)

»Ansonsten habe ich eine Vision: Der Trainer wird abgeschafft, er macht nur noch die Konditionsarbeit. Auf der Bank sitzt er nicht mehr, sondern der Manager, der Präsident, ein Psychologe, ein Journalist und ein Fan.«

(Otto Rehhagel)

»Ailton ist wie Medizin für Kranke.«

(Ailton)

Mai 2003: Ailton mit seiner Frau Rosalie und den Töchtern Maria Fernanda und Alexandra-Roselie versuchen sich auf einem Ausflug als Bauernfamilie.

»Wenn ich wüsste, welches System wir spielen, würden wir vielleicht sogar gewinnen.«

(Thorsten Legat)

Thorsten Legat sitzt verletzt im Wartezimmer in München beim Bayern-Arzt **Dr. Müller-Wohlfahrt** und wartet und wartet. Als er noch etwas länger gewartet hat, kommt auf einmal **der große Schauspieler Pierre Brice,** gestützt von seiner Frau, durch die Tür herein. Er schreit vor Schmerzen. Offensichtlich plagt ihn ein Hexenschuss. Seine Frau bittet Legat inständig, ihren Mann vorzulassen. Doch Legat kennt kein Erbarmen und antwortet ohne lange zu überlegen: **»Nee!«** Etwas nachdenklicher schiebt er hinterher: **»Außerdem dachte ich, ein Indianer kennt keinen Schmerz!«**

»Kritik macht mich nur noch stärker. Wenn mich in Dortmund von 55.000 Zuschauern 50.000 hassen, mir am liebsten ein Bein abhacken würden, mich mit ›Arschloch‹ begrüßen, dann fühle ich mich wie Arnold Schwarzenegger gegen den Rest der Welt. Das ist geil für mich.«

(Mario Basler)

Starschnitt
Uli Borowka

»Ihr seid nämlich auch die, die den Pokal gehören!«

(Als Pokalsieger auf dem Bremer Rathausbalkon zu den Fans)

»Ich spiele so Golf, wie ich früher Fußball gespielt habe: **Hau drauf, und dann musste gucken, wie du aus der Sülze rauskommst.«**

Dienstag, 11.08.2009

Golf

QSC GOFUS CAPTAINS' CUP

Uli Borowka wird zum Matchwinner

Es herrschte Ryder-Cup-Stimmung am Möhnesee. Beim QSC GOFUS CAPTAINS' CUP setzten sich die Fußballprofis gegen die Wirtschaft durch. Zum Schluss wurde es dramatisch.

»Mein Talisman ist eine Krawattennadel mit einem Hackebeil. Ein Geschenk meiner Frau, die meint, das würde zu meinem Erscheinungsbild auf dem Fußballplatz passen.«

»Ich würde diese Hosen sogar im Bett anziehen, wenn ich friere.«

(Über Liebestöter)

Nachdem Uli Borowka nach einem Spiel in Karlsruhe auf die Bank verbannt wurde, sagt er einen denkwürdigen Satz: ***»Ich bin nicht der Sündenbock, aber ich bin immer der Sündenbock!«***

Starschnitt

Miroslav Klose

»Es war **sehr schmerzvoll,** aber ich habe **kaum was gespürt**.«

»Die Ballverwertungshaltung war nicht da.«

»Ich hätte mir beinahe die Füße gebrochen.«

(Nachdem er seinen obligatorischen Salto nach einem Tor nicht stand und auf dem Hosenboden landete)

»Er springt 40 Zentimeter höher als seine Gegenspieler und sechsmal so hoch wie ich.«

(Eric Gerets über die Sprungkraft von Miroslav Klose)

»Klose ist nicht Gerd Müller und nicht Paolo Rossi. Er wird nie ein Ronaldo sein und nie etwas mit Totti zu tun haben. Klose ist nicht schön, und sein Fußball ist nicht schön. Aber Klose hat alles verdient, was ihm der Fußball schenkt.«

(Die italienische Zeitung »La Gazzetta dello Sport«)

»Der Miro ist seit Monaten in bestechlicher Form.«

(Jürgen Klinsmann nach einem 3:0-Sieg gegen Ecuador, zu dem Klose zwei Tore beisteuerte)

»In der ersten Halbzeit waren wir beim Feiern, nach dem Wechsel sind wir kurz aus dem Tanzsaal raus. Dann hat uns jemand wieder reingezogen.«

(Thomas Schaaf über eine kurzzeitige Leistungssteigerung bei einer 2:6-Niederlage gegen Leverkusen)

Frauen und Fußball – damit tue ich mich eigentlich sehr schwer. Auch mit Frauenfußball. Die Mädchen laufen da so plattfüßig über den Platz. Das sieht dann gar nicht schön aus. Beim Fußball geht wie beim Diskuswerfen das Frauliche verloren. Wenn ich die Wahl hätte zwischen einem Frauen-Fußballspiel und dem traumhaften Kirow-Ballett, würde ich das Ballett immer vorziehen. Fußball ist für mich ein Männersport.

Meine Frau Beate bildet da als „Fußball-Frau" eine Ausnahme. Da sie mich schon seit 1961 begleitet, hat sie mittlerweile ein großes Fachwissen. Wir sprechen jeden Tag über Fußball. Sie weiß, wie ich über jeden Bremer Spieler denke. Und wenn ich die Spieler sehr hart kritisiere, nimmt sie die Jungs oft in Schutz.

Als ich mich mit Wynton Rufer vor dreieinhalb Wochen wegen seiner Reise zur Weltmeisterschafts-Qualifikation nach Neuseeland gestritten habe, sagte Beate, daß ich doch stark überzogen hätte. Deshalb räumte ich das zwei Stunden später in einem Gespräch mit Wynton Rufer aus der Welt.

(Otto Rehhagel)

»Jede sachliche Analyse des Spiels wird irgendwie dem tatsächlichen Spielverlauf nicht gerecht.«

(Bremens Trainer Robin Dutt nach einem 4:4 bei der TSG Hoffenheim)

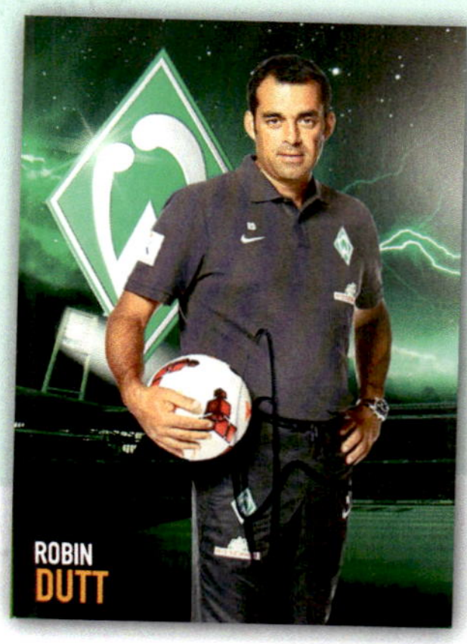

»Ich habe noch in der 90. Minute ein Kopfball-Duell im eigenen Strafraum gewonnen. Und so ein Mann wird nicht zur WM mitgenommen …«

(Mario Basler)

Werder Bremens Jungtalent Jürgen Röber

hat schon **im Alter von 21 Jahren drei Wadenbeinbrüche** hinter sich. Für die Ärzte ist es kaum vorstellbar, wie es überhaupt möglich ist, danach noch an eine Karriere als Profisportler zu denken. Doch Röber absolviert insgesamt **303 Bundesligaspiele und 104 Partien in der zweiten Liga** für Werder, Bayern München, Bayer Leverkusen und Rot-Weiss Essen.

»Golf ist mir zu langweilig. Zu Franz Beckenbauer habe ich mal gesagt: **›Da stehen 6.000 Leute am Abschlag. Dann haut einer den Ball weg. Nach siebzig Metern sehen sie ihn nicht mehr. Also laufen 6.000 Leute hinter dem Ball her und suchen ihn drei Stunden lang, bis sie dann feststellen: Der Ball liegt oben im Baum.‹«**

(Otto Rehhagel)

»Ich bin ganz sicher, dass Mario Basler in der zweiten Halbzeit viel-leicht noch kommen wird.«

(Jörg Wontorra)

»Ich bin seit 35 Jahren Werder-Fan, weil es sich einfach richtig anfühlt. Weil hier alles unaufgeregt und hanseatisch abläuft.«

(Arnd Zeigler)

»Ich habe keine Spielerfrau, ich habe eine richtige Frau.«

(Arie van Lent auf die Frage nach der perfekten Spielerfrau)

16. Spieltag der Saison 1985/86: Bayern gewinnt zu Hause gegen Werder mit 3:1, und auf dem Platz wird geholzt wie selten zuvor. In der 16. Minute tritt Klaus Augenthaler den stürmenden Rudi Völler von den Beinen ohne die geringste Chance, an den Ball zu kommen. Der bleibt erst verletzt liegen, wird dann ausgewechselt und fällt anschließend Monate aus. Augenthaler sagt hinterher völlig emotionslos: **»Ich sah nur etwas Grün-Weißes auf unseren Strafraum zukommen.«** Und sein Trainer Udo Lattek gibt indirekt gar Völler die Schuld an seiner Verletzung: **»Der Rudi ist zu schnell!«**

»Wo ein Willi ist, ist auch ein Weg.«

(»kicker« über Willi Lemke)

»You look just like Steffi Graf.«

(Nelson Mandela vor einem Länderspiel Deutschlands gegen Südafrika zu Marco Bode)

Marco Bode mit seiner Kerstin

Starschnitt

Manfred Burgsmüller

»Der **beste Präsident** ist der, der ein **dickes Konto** hat, den Verein **nach außen repräsentiert**, den Trainer und Manager **in Ruhe arbeiten** lässt. Den würde ich jeden Samstag eigenhändig mit der Sänfte zum Spiel tragen.«

1988: *Manfred Burgsmüller mit der Meisterschale*

»Was bringt dir im Spiel die große Pumpe, wenn du unterwegs den Ball vergisst?«

»Vor rund 25 Jahren hat mich der Schwarzenbeck umgegrätscht.«

(Zu den Gründen seiner Sprunggelenkoperation)

»Ruhe habe ich noch genug, wenn ich einmal nicht mehr auf dieser schönen Erde weile.«

(Als er 50 wurde und auch weiterhin als Football-Profi für Rhein Fire Düsseldorf kicken wollte)

In seiner letzten Saison spielt Manni Burgsmüller noch elfmal für Werder. Der Abschied ist nicht ganz fair verlaufen, wie Rehhagel findet: ***»So einen Mann muss ich lieben. Ich will das mal mit der Oper vergleichen. Manni war bis zuletzt ein großartiger Sänger. Etwas älter zwar, aber noch immer mit einer sehr guten Stimme. Und er hat uns so herrliche Arien gesungen, den darf ich gar nicht auspfeifen.«***

Starschnitt
Diego

»Wenn jemand Diego kaufen will, muss er mich vorher ermorden. Diego wird Werder nur über meine Leiche verlassen.«

(Präsident Jürgen L. Born über die ständigen Wechselgerüchte)

»Er muss irgendetwas Besonderes gegessen haben, damit er so schießen kann. Vielleicht sollten wir das alle essen.«

(Diego über Mesut Özil)

»Werder hat glücklicherweise einen Vertrag mit Diego und nicht mit seinem Vater.«

(Bremens Manager Klaus Allofs zu Berichten, wonach Diegos Vater seinen Sohn so schnell es geht bei Real Madrid sehen will)

Diego und Mladen Petric vom HSV vor dem Duell im UEFA-Cup-Halbfinale 2009 beim Western-Shooting im Heide-Park Soltau

»Was? Wie? Ich? Moment mal.
Ich ruf mal eben meinen Anwalt an und frag, ob ich das sagen darf.«

(Mario Basler auf die Frage eines Journalisten, ob er den Schiedsrichter einen »Sack« genannt habe)

»Ein Vorbild, nicht nur, was den Haarwuchs betrifft …«

(Edmund Becker über seinen Trainer-Kollegen Thomas Schaaf)

Manager Rudi Assauer übernimmt bei Werder Bremen das Traineramt. Und weil er keine DFB-Lizenz besitzt, wird ihm ein 74-Jähriger an die Seite gestellt. Assauer: **»Dass Fred Schulz bei seinem Alter nicht mehr aktiv das Training leiten kann, ist selbstverständlich. Daher werde ich weiter mit der Mannschaft arbeiten, Herr Schulz ist aber stets dabei.«** Von der Trainerbank verabschiedet sich Schulz aber bereits nach dem ersten Spiel wieder und zieht hoch auf seinen gewohnten Platz: **»Ich habe kaum etwas richtig gesehen. Welch einen prachtvollen Überblick hatte ich dagegen in der Loge.«**

Saison 1975/76: Werner Weist will sich einen Spaß erlauben und ruft Düsseldorfs Torhüter Kurt Büns flapsig zu: **»Pass auf, gleich haue ich ihn dir ins rechte Eck!«** Werder hat gerade einen Elfmeter zugesprochen bekommen, und der Mittelstürmer geht davon aus, dass wie immer sein Mannschaftskamerad Höttges ausführen wird. Doch der liegt verletzt am Spielfeldrand. Trainer Burdenski entscheidet: Weist soll schießen! Der schluckt, zieht dann aber kurz entschlossen ab: **»Ich habe mir gesagt, jetzt bleibst du bei deinem Wort, und prompt rannte Büns in die falsche Ecke.«** Der gehörnte Düsseldorfer Torwart kratzt sich noch nach Spielschluss verwirrt am Hinterkopf: **»Ich habe doch nicht geglaubt, dass er das ernst meinte!«**

Trainer Willi Multhaups Devise zahlt sich aus:

»Im Fußball kommt ›a‹ wie arbeiten vor ›f‹ wie feiern!«

1964: Arnold »Pico« Schütz bekommt von der Bremer Fleischer-innung Heidschnuckenbock »Pico« als Maskottchen überreicht.

Der Mannschaftskapitän des Deutschen Fußballmeisters Werder Bremen, **Arnold »Pico« Schütz,** animierte durch seinen Spitznamen Mitte der 1960er Jahre viele Vereinsanhänger zu originellen Ideen. So wurde der Mannschaft ein Heidschnuckenbock namens Pico überreicht. Als das Team die Meisterschaft holte, entwarf ein Künstler eine Nachbildung des Tiers. Und als Höhepunkt der **»Picoritis«** nannte ein Bremer Ehepaar seinen frisch geborenen Sohn ebenfalls nach dem Spitznamen von Schütz.

»Vor allem den **vielen Südamerikanern** ist doch mittlerweile völlig egal, was mit ihren Vereinen passiert. Die meisten von denen **küssen mehr Vereinswappen auf dem Trikot als Frauen in ihrem Leben. Ähnlich untreu ist nur die Liliana Matthäus.**«

(Mario Basler)

»Bei mir sind früher die Bälle kaputt gegangen. Heute halten die Köpfe nicht mehr.«

(Günter Brocker, nachdem einer seiner Spieler nach einem Kopfballduell verletzt ausgewechselt wurde)

»So ist Fußball. An einem Tag bist du **Michael Jackson** und am nächsten Tag dann **nur noch Roy Black**.«

(Eljero Elia)

»Du musst dir den Typ angucken. Wenn einer das Tor trifft, dann trifft er es in der ersten und in der zweiten Liga. Er trifft es, ob er acht ist oder achtzig.«

(Otto Rehhagel)

Starschnitt

Horst-Dieter Höttges

»Solange ich spiele, steigt Werder Bremen nicht ab!«

Schiri Walter Eschweiler zu den Bremer Verteidigern Höttges und Piontek: »So wie ihr tretet, wächst hier kein organischer Rasen mehr!«

»Die Spiele gegen Werder Bremen werde ich nie vergessen. Wegen Horst-Dieter Höttges und Sepp Piontek. Wir nannten sie nur die ›Mörder-Brüder‹. Wer gegen die antreten musste, war noch nicht richtig auf dem Platz und hatte schon blaue Flecken. Sie grätschten von hinten, von der Seite, ganz nach dem Motto: **›Wenn wir den Ball treffen, auch gut. Aber es muss nicht sein.‹«**

(Franz Beckenbauer)

***Saison 1975/76:** Horst-Dieter Höttges schaut zusammen mit seinen Mannschaftskameraden nach der Partie des 15. Spieltags, SV Werder Bremen gegen den Hamburger SV (1:3), die Zusammenfassung im Fernsehen an. Als Höttges im TV zu seinem verschossenen Elfmeter antritt, starren seine Kollegen wie gebannt auf den Bildschirm. Der Abwehrspieler ist sauer:*

»Warum guckt ihr da hin, meint ihr, ich kriege ihn jetzt rein?«

Stars aus dem Showgeschäft

Spitzenfußball gehört auch hierzulande längst zu[r] Showgeschäft. Kein Wunder, daß sich da unser[e] Profifußballer immer öfters in Gesellschaft von Star[s] aus der „Show-Szene" sehen lassen. Im Bild obe[n] gratuliert Horst Höttges (Mitte) als Ehrengast der ... „Musikladen" dem Popsänger Davi[d] ...

»Der Höttges ist ein Mörder.«

(Gilbert Gress)

»Das Bein war nur gefühllos!«, sagt Horst-Dieter Höttges und fügt mit schmerzverzerrtem Gesicht hinzu: **»Ich hoffe, dass ich beim Abschiedsspiel für Hoppy Kurat wenigstens eine Halbzeit mitmachen kann.«**

Der Schalker Stan Libuda zeigt seinem Trainer Ivica Horvat einen Vogel: **»Nee, Trainer, da brauch ich gar nicht erst mitfahren!«** Die Mannschaft guckt ihren Stan wissend an, nur Horvat schaut etwas verdutzt. Libuda sieht sich genötigt, es dem Coach zu erklären: **»Mensch, Trainer, da geht es gegen den Höttges. Da seh ich den Ball genau zweimal: beim Anstoß und wenn die das Tor geschossen haben!«** Und damit ist die Diskussion für Libuda beendet – nach Bremen fährt er nicht mit.

Horst-Dieter Höttges brauchte wohl zwei Fernseher, einen für sich und einen für seine Frau.

»Bremen war ein Albtraum. Es muss die kälteste Stadt auf dieser Erde sein. Ich habe immer gefroren, ich habe niemanden verstanden und mir ging es schlecht.«

(Junior Baiano)

»Herr Wildmoser und sein Sohn sind schon abgereist, **wir grüßen sie posthum.**«

(Werders Mediendirektor Tino Polster zu Beginn der Pressekonferenz in Bremen)

»Im Fußball gibt es längst keine Geheimnisse mehr: Heute kann der Trainer dem Verteidiger sagen, welches Rasierwasser der gegnerische Stürmer verwendet.«

(Otto Rehhagel)

»Franz Böhmert hat versucht, Wolfgang Sidka den Abgang so schön wie möglich zu machen.«

(Felix Magath)

Die Weisheiten des Otto Rehhagel

»Leichte Bälle zu halten, ist einfach. Schwierige Bälle zu halten, ist immer schwierig.«

»In diesem Geschäft gibt es nur eine Wahrheit: **Der Ball muss ins Tor.**«

»Mit Sprüchen wurde noch nie ein Spiel gewonnen.«

»Wir spielen am besten, wenn der **Gegner nicht da ist.**«

»Ein Fußballspiel ist wie eine Rechenaufgabe, zwei plus zwei ist gleich vier, wenn man sagt: zwei plus zwei sei fünf, dann verliert man.«

2+2=5

Otto Rehhagel im Jahr 1993 mit jüngeren Fans im Schlepptau

»Im Leben gibt es **nicht nur Sahnestücke**, sondern **auch harten Butterkuchen**.«

(Dieter Burdenski)

»Stilles Wasser mit Zitrone.«

(Tim Borowski auf die Frage, was getrunken wird, nachdem er mit Bremen die Deutsche Meisterschaft geholt hatte)

»Borel, 1 Meter 91 ist er alt.«

(Werner Hansch über den Torhüter Pascal Borel)

»Pro Jahr habe ich mich ungefähr sechs Kilometer von meinem Geburtsort entfernt. Folglich werde ich 4647 in Australien leben.«

(Marco Bode auf seiner Internetseite zu seinem bisher einzigen Umzug von Osterode im Harz nach Bremen)

Schiedsrichter

»Was soll man schon erwarten?
Der hat früher immer Dynamo Ostberlin zum Titel gepfiffen.«

(Otto Rehhagel)

»Auf Abseits zu spielen, ist in Deutschland sehr gefährlich. Die Spieler können das, aber die Linienrichter sind oft nicht dabei.«

(Aad de Mos)

»Ich habe gegen den Schiedsrichter ein unschönes deutsches Wort benutzt. Was es bedeutet, muss ich erst mal im Wörterbuch nachschauen.«

(Rune Bratseth)

»Da konnte ich mich bislang noch nicht drum kümmern.«

(Mario Basler vom DFB zur Stellungnahme wegen einer Schiedsrichter-Kritik aufgefordert)

»Man muss aufpassen, dass man nicht in Panik gerät und alles verpflichtet, was sich bewegt.«

(Klaus Allofs zur Situation vor dem Transferschluss am 31. August)

»Es bringt nichts, wenn ein Spieler zu seiner Frau sagt, ich habe klasse gespielt, aber wir haben 1:8 verloren.«

(Otto Rehhagel nach einem 6:2-Sieg in Karlsruhe)

»Wir wohnen in **5-Sterne-Hotels,** und die **Mannschaft** läuft durch die **Hotelhalle** wie ein **Kegelklub** am **Ballermann 6**.«

(Wolfgang Sidka auf die Frage, warum er seiner Mannschaft eine Anzugspflicht verordnete)

»Werder galt früher als Eliteklub. In den zwanziger Jahren mussten die Mitglieder sogar die **mittlere Reife nachweisen,** sonst wurden sie nicht aufgenommen.

(Werder-Präsident Franz Böhmert)

EXKLUSIV-SERIE Meister Otto schreibt in SPORT-BILD 4. FOLGE

Ehemänner sind die besseren Profis

Familienväter übernehmen Verantwortung, weil sie zu Hause die Ruhe für den Beruf finden. Junggesellen gehen abends noch vor die Tür

Warum nur ich bei Werder Bremen einen Porsche fahren darf

Spieler, die man duzt, kann man nicht kritisieren. Darum sage ich zu allen Sie

Die große Werder-Familie

»Ich glaube nicht, dass der Verein mir **Steine in den Vertrag** legt.«
(Thorsten Legat zu eventuellen Wechselproblemen)

»SVW – Schön Verdaddelt Wiese«

(Plakat von HSV-Fans)

»Wir persönlich finden den HSV eher uncool!«
(Fan-Plakat beim Derby)

»Du kleine Wurst! Bei uns im Hotel ist noch ein Posten als Kellner frei, du Vollidiot.«

(Werders Co-Trainer Matthias Hönerbach beschimpft ***nach einem Testspiel*** *den Schiedsrichter.)*

Werder-Fan als Tim-Wiese-Double

»Ich flieg am Wochenende schon wieder hin, vielleicht mach ich dort bald ein Café auf.«
(Otto Rehhagel über den Europapokal-Gegner aus Moskau)

»Wenn Sie einen Schuldigen suchen, nehme ich die Schuld auf mich. **Ich bin aber nicht schuld.**«

(Oliver Reck)

»Mit seinem Körperschwerpunkt auf Höhe der Grasnarbe ist es schwer, gegen ihn zu verteidigen.«

(Per Mertesacker über Marko Marin)

»Die Mannschaft müsste sich mal zusammensetzen und sich richtig auskotzen.«

(Mario Basler)

»Ich komme als ganz **einfacher Soldat** nach Bremen.«

(Junior Baiano bei seiner Verpflichtung zu den Journalisten)

In Bremen soll das allererste Spiel der Saison 2004/05 gegen den FC Schalke 04 angepfiffen werden, doch das Flutlicht streikt. Ein Baggerfahrer soll ein Stromkabel beschädigt haben. Schalkes Andreas Müller ist zu Recht erstaunt: **»Um halb neun abends arbeitet in Bremen noch ein Baggerfahrer?«** Tatsächlich stellt sich heraus, dass es eine von vielen zehntausend Muffen ist, die die Stromkabel untereinander verbinden, die den Geist aufgegeben hat. Mit 65 Minuten Verspätung wird die Partie schließlich angepfiffen und endet 1:0 für Werder. Bremens Südamerikaner Nelson Valdez ist hinterher immer noch erstaunt: **»So etwas habe ich selbst in Paraguay nicht erlebt.«**

»Alles,
was Sie im Kopf
haben, weiß
ich, bevor Sie es
ausgesprochen
haben.«

(Otto Rehhagel auf einer Pressekonferenz zu Journalisten)

Starschnitt
Dieter Eilts

Eine der seltsamsten Roten Karten der Bundesligageschichte kassiert Dieter Eilts bei einem 0:0 in Bochum in der Saison 1989/90. In der 88. Minute zieht der Bochumer Olaf Dressel an ihm vorbei, und als Eilts erkennt, dass er nicht mehr an den Ball kommt, bremst er ab. Leider fällt Dressel in diesem Moment zu Boden. Schiedsrichter Kurt Witke zögert keine Sekunde und zeigt dem Bremer die Rote Karte. Als der VfL Bochum am Abend zu Gast im »Aktuellen Sportstudio« ist (die Sendung wird aus der nahegelegenen »Starlight Express«-Musicalhalle übertragen), gibt Dressel zu:

»Ich bin wegen eines Krampfs gestürzt!«

»Wenn meine **Oma ein Bus wäre,** dann **könnte sie hupen**!«

(Auf eine Hätte-wenn-und-aber-Frage eines Journalisten)

»Der einzige Zappelphilipp, den ich mag: der Ball, wenn er im Netz zappelt.«

»Ich bin ins Spiel gekommen und habe für die Wende gesorgt.«

*(Er war beim Stand von **2:0 für Werder** gegen Unterhaching eingewechselt worden. **Endstand: 2:2**)*

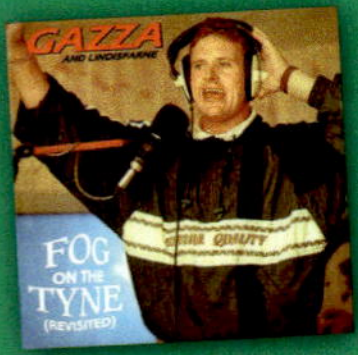

»Moin, moin, Gascoigne.«

(Bei der EM 1996 zu seinem Gegenspieler Paul Gascoigne)

»Eine schöne Kombination auf dem Fußballplatz ergibt sich nicht einfach so. **Schönheit ist die Abwesenheit von Zufällen.**«

(Felix Magath)

In Bremen gestaltet der junge Manager Rudi Assauer erst einmal die Geschäftsstelle um: »Hier sieht's aus, als ob Arbeitslosenunterstützung verteilt wird. Wenn ich mit jemandem herkomme, von dem ich was will, der kriegt doch Komplexe.«

Bei uns ist der Kunde König

Er macht keinen Wind um seine Person, desto mehr Wirbel um seinen Klub Werder Bremen. Der neue Mann Rudi Assauer

Der bayerische Versicherungsdirektor Robert Schwan war 40 Jahre alt, als er zum ersten Mal als Manager des FC Bayern von sich reden machte, sein pfeifenrauchender Kollege Helmut Grashoff, Mönchengladbacher Garngroßhändler, nahm mit 37 Jahren diese Position ein. Der Hamburger Zeitungsmacher Dr. Peter Krohn hatte schon 43 Lenze auf dem Buckel, als er sich den Namen „Generalmanager" zulegte und weitaus mehr Macht in Händen hielt als z. B. sein Kölner Kollege Karl-Heinz Thielen, der mit 34 Jahren zu diesem Amt und Würden kam.

So kann sich Rudi Assauer beim Bremer Bundesligaklub Werder das Attribut „jüngster Manager der Bundesliga" an den Hut stecken. Lediglich der heute gar nicht mehr so schwergewichtige Willy Konrad war damals jünger, als er Offenbachs Geschicke lenkte. Doch der „Buddha mit dem roten Telefon" (Branchenjargon) mußte inzwischen sowohl die Bundesliga als auch seinen breiten Schreibtisch verlassen.

Manager – das ist die offizielle Bezeichnung des Werder-Präsidiums für Rudi Assauer. Ein Vertrag zwischen dem Klubunternehmen und seinem höchsten Angestellten existiert allerdings noch nicht. Die Kompetenzen sind mündlich festgelegt. „Ich habe ziemlich freie Hand", bekennt Rudi Assauer, der freilich nicht für ein Butterbrot arbeitet. Er erhält weiter jenes Gehalt, das bis zu seinem Ausscheiden als Lizenzspieler im vorigen Jahr von Werder monatlich auf sein Konto überwiesen wurde – abzüglich der Prämien. Auf dieses Werder-Angebot verzichtete der 32jährige. Eine noble Geste?

Wahrscheinlich kann er sich's leisten. Seit seinem Amtsantritt im Sommer 76 machte Assauer in seinem neuen Metier Nägel mit Köpfen. Präsident Dr. Franz Böhmert (jener Mann, der Assauer in den Sattel hievte) formulierte das Zeugnis des neuen Managers nach der abgelaufenen halbjährigen Probezeit fast schon als Laudatio: „Herr Assauer hat die Erwartungen weit übertroffen. Werder ist wieder in, nicht mehr der Verein, der in der Ecke sitzt. Werder verkauft sich jetzt besser!"

Was er anfaßt, hat meist Hand und Fuß

Was hatte Rudi Assauer in dieser kurzen Zeit getan? Er hatte den Verein in ein Wirtschaftsunternehmen umfunktioniert, die Mitgliedskartei und die Lohnbuchhaltung geschieht jetzt über elektronische Datenverarbeitung. Die Öffentlichkeitsarbeit wurde verstärkt, Werder präsentiert sich transparent wie nie zuvor. Im Stadionblatt erklärt der Psychologe Professor Stemme Werder-Politik und bittet die Zuschauer um ihre Vorschläge beim Kauf von Spielern.

Bei fast jedem Heimspiel erwartet das Publikum eine zusätzliche Showeinlage: Ob Elfmeterschießen auf den Ersatzkeeper, Fallschirmspringer, Motorradakrobaten, Musikkapellen oder einfach Rudi Carrell – im Weserstadion ist der Kunde König.

Seinen größten Erfolg aber feierte der in Bremens Kaufmannskreisen als „Geschäftsführender Gesellschafter" einer Immobilienfirma aufgrund seiner guten Kontakte und Verhandlungsfähigkeit geschätzte Assauer mit einem Werbevertrag.

Mit der Fischfirma „Norda" zog er den dicksten Fisch an Land. 480 000 Mark ließ sich das norddeutsche Unternehmen das einjährige Engagement für den Bundesligisten kosten. Eine Summe, die Werder auf dem Gebiet der Trikotwerbung zu einem Spitzenverdiener der Bundesliga machte.

Entgegen der Unkenrufe und trotz des schlechten Starts etablierte sich der jahrelange Abstiegskandidat im Mittelfeld der Tabelle. Die anfängliche Skepsis gegen den bei 1860 München und dem 1.

Bitte blä… …m

»Du musst dir auf die Socken hauen lassen, zurücklachen und **dann deine Tore machen**!«

(Klaus Allofs' Rat an seine Stürmer)

Herbert Laumen, 217
Stürmer; geb. 11. 8. 1945; Bor. M'gladbach, Werder Bremen

Keine runden Pfosten im Weserstadion: Herbert Laumen kann es nicht fassen. Am zweiten Spieltag der Saison 1971/72 hätte er seine Werderaner gegen starke Kaiserslauterer daheim beinahe noch zum Sieg geschossen. 2:2 steht es, als Laumen ausholt und den Ball mit Vollkaracho unter die Lattenunterkante donnert. Doch Werder hat vor der Spielzeit an der falschen Stelle gespart, und so springt der Ball aus dem Tor wieder heraus. Nach Spielschluss sitzt Laumen mit einer Flasche Limonade in der Hand im Weserstadion und stammelt immer wieder verzweifelt vor sich hin: **»Hätte Werder doch runde Pfosten gekauft. Dann wäre der Ball drin gewesen!«**

Die fünf Weisheiten des Otto Rehhagel

»Die Wahrheit liegt auf dem Platz.«

»Frauen sind das beste Trainingslager.«

»Wer Erster ist, hat immer recht. **Ich habe also recht.** Und wenn ich Fünfter bin, können Sie wieder mit mir reden.«

»Jeder kann sagen, was ich will.«

»Die sollen sich nicht so anstellen, bei mir zählen nur glatte Brüche als Verletzungen.«

Otto Rehhagel wird am 12. Juni 1995 nach dem letzten Heimspiel der Saison 1994/95 von Mario Basler, Uli Borowka, Thomas Wolter und Michael Schulz (v.l.) zum Abschied auf den Schultern getragen. Otto Rehhagel war fast 14 Jahre, ab April 1981, Trainer bei Werder.

»Der Plan war, vier Offensivspieler auf den Platz zu bringen und die **Daumen zu drücken.**«

(Trainer Robin Dutt über seine taktische Marschroute ohne einen echten Stürmer im Kader)

»**Bremen ist wie eine Wundertüte:** Entweder sie erwischen einen Scheißtag, oder sie ziehen ihr Ding eiskalt ab.«

(Thomas Ernst)

EISKALT

»Das ist **keine Auswechselung**, das ist **eine VÖLKERWANDERUNG**.«

(Bremens Stadionsprecher Christian Günther, als die Gästemannschaft gleich drei Spieler auf einmal auswechselte)

»Die Leute im Stadion wollten raus aus dem Dreck. Weg vom Tabellenende.«

(Willi Lemke)

Baslers Mannschaftskameraden spielen im **Europapokal gegen Glenavon Belfast** – während **Basler** selbst im **TV-Studio von Thomas Koschwitz' Sendung »RTL Late Night Show«** sitzt und genüsslich an einer **Zigarette** zieht. Dann lehnt er sich entspannt zurück und trinkt einen Schluck aus seinem **Kölsch-Glas**. Die Werder-Offiziellen reagieren beim Betrachten der Bilder nicht ganz so entspannt.

bitte unten lesen!

TGA
TRADE GLOBE ASSEKURANZ
World Trade Center Bremen
0421-1691440

G
WERDER Hotline 0190 363536

SV »Werder« v. 1899 e.V. Weser-Stadion
UEFA-Pokal
Werder Bremen – Glenavon FC

Diese Karte ist als Fahrausweis am Spieltag für die Hin- und Rückfahrt zum Stadion im Zeitraum von drei Stunden vor Beginn bis zu drei Stunden nach Beendigung des Spiels im Gesamtnetz der BSAG gültig.
BSAG

UEFA-Pokal

Eintritt	DM	35,–
zuzüglich Verkaufsgeb.	DM	2,–
	DM	37,–
einschl. MWSt. u. Abgaben		

Westtribüne	Tor	Block	Reihe	Platz
	9+11	31	1	32

Der Platz ist ½ Stunde vor Spielbeginn einzunehmen, sonst geht der Anspruch auf den Verein über. Keine Haftung für Personen- und Sachschäden. Karte auf Verlangen vorzeigen. Das Mitbringen von Feuerwerkskörpern, Flaschen und Dosen ist verboten. Kein Recht auf Rückerstattung. Es gilt die Stadionordnung. Die Karte verliert beim Verlassen des Stadions ihre Gültigkeit.

TGL
TRADE GLOBE LEASING
World Trade Center Bremen
0421-1691440

bitte wenden!

Starschnitt
Andreas Herzog

Werder holt 1993 den Titel. Nach dem entscheidenden 3:0-Sieg in der allerletzten Partie in Stuttgart und dem gleichzeitigen Titelgewinn geht die Frau des Trainers, Beate Rehhagel, in die Kabine des neuen Deutschen Meisters. Sat.1-Reporter Jörg Wontorra kommentiert das so: **»Beate Rehhagel gelüstet es nach Männerschweiß.«** Ihr Mann Otto selbst sagt dazu: **»Beate ist die einzige Frau, die nach Spielen in unsere Kabine darf. Sie holt mich dann ab, und es interessiert überhaupt keinen, wenn die Jungs da nackt rumstehen – sie gehört einfach dazu.«**
Am Abend der Meister-Feierlichkeiten nach der Saison 1992/93 nimmt Rehhagel seinen Mittelfeldregisseur Andy Herzog in den Arm und sagt zu ihm: **»Schau her, das hätten wir nie gedacht, dass wir mit einem Wiener mal Meister werden.«** Vor der Saison hatte Rehhagel seine Frau alleine nach Österreich geschickt, um »den Andreas zu beobachten«.

»Wenn ich nicht Fußballprofi geworden wäre, dann wäre ich wohl in einer Bank gelandet. Und dann wäre ich heute vielleicht Finanzminister von Österreich.«

Meisterkuss für Marco Bode

SHOW-STARS IM SPORT-STADION
Rudi Carrell

Kontrolle muß sein — auch für Rudi Carrell und seinen Show-Musikleiter Cornelius op den Zieken: Bitte, Karten vorzeigen!

Ein Ball mit den Unterschriften der Werder-Bremen-Elf für Rudi Carrell (Höttges hat ihn noch), ein Riesen-Poster der Carrell-Show fürs Klubheim der Bremer an Manager Assauer

Na, also! Ich habe den Bremern doch Glück gebracht: Werder gewann 2:1 und Rudi Carrell freut sich drüber. Werder will ihn öfter einladen . . .

Das Spiel ist aus — nun geht's Haus!, Carrell und op den Z scheinen zufrieden, mit dem, w im Bremer Weser-Stadion

Überaus freundlich präsentieren sich die Bremer bei ihrer 2:0-Niederlage in Köln in der Saison 1978/79. Nicht nur, dass sie sang- und klanglos die Punkte beim FC zurücklassen, sie haben auch noch ein Präsent vorbereitet. **Rudi Assauer überreicht dem FC-Keeper Toni Schumacher zu seinem 300. Spiel im Geißbock-Trikot eine regionale Spezialität: ein Fässchen Matjesheringe!**

Werders Präsident Dr. Franz Böhmert hat den drohenden Abstieg vor Augen und flüchtet sich in Sarkasmus: **»Jetzt werde ich mich so langsam über Lüdenscheid informieren!«** Das **»Meppen der siebziger Jahre«** nimmt den Ball auf und schickt Böhmert vorausschauend schon einmal **Touristeninformationen vom »schönen Lüdenscheid«**.

»Ailton ist die deutsche Sprache nicht viel geläufiger als dem Pinguin das Fliegen.«
(Christoph Biermann für die »Süddeutsche Zeitung«)

Starschnitt
Frank Rost

»Die meisten von uns trinken **FANTA und COLA** und gehen um neun Uhr ins Bett.«

(Auf die Frage, wie Werder den Sieg feiern würde)

»Es hat ja schon vor dem Spiel eine Harmoniestrategie gegeben. Es hat nur noch gefehlt, dass wir in **rosa Röckchen** aufgelaufen wären.«

»Heute hätten wir keinen Hering vom Teller gezogen.«

»**Wegschubsen** und jemandem **auf die Glocke hauen** gehört sich auf dem Platz nicht. Das tut man in einem **Kindergarten**.«

(Dieter Eilts zum Ausraster seines Torwarts Frank Rost)

»Es ist ja bekannt, dass unser Trainer auf junge Spieler steht.«

(Frank Rost über seinen Trainer Thomas Schaaf)

»Mit 50 bist du als Fußballtrainer reif für die Klapsmühle. Wenn du genug Geld verdient hast, kannst du wenigstens erster Klasse liegen.«

(Otto Rehhagel)

7. Mai 1992: Werder hat das Finale im Europapokal der Pokalsieger in Lissabon gegen den AS Monaco 2:0 gewonnen. Hier Otto Rehhagel bei der Ankunft in Bremen.

Frage an Otto Rehhagel: »Können Sie sich vorstellen, dass der DFB bei Ihnen anruft, um Ihnen das Angebot für den Posten des Bundestrainers zu unterbreiten?«
Rehhagel: »Immer, wenn sich der DFB bei mir gemeldet hat, dann musste ich zu Herrn Kindermann.«
Rehhagel ist tatsächlich ein guter Kunde: Über 50.000 Mark hat er bereits an den DFB gezahlt.

»Sie machen sich Gedanken, wie sie Tore bejubeln, und keine, wie man ein Tor schießen kann.«

(Felix Magath)

Seinen Spieler Dietmar Beiersdorfer, gebürtig aus Fürth, ruft Trainer Rehhagel häufiger mal zur Ordnung: **»Kommen Sie mir nicht mit der HSV-Abstiegsgrätsche und mit den Fürther Ronhof-Flanken. Bei uns wird anders gespielt.«** Ronhof ist das Stadion der Fürther.

»So viele Talsohlen gibt es gar nicht, in denen ich schon drin war.«

(Oliver Reck)

»Das ist eine blöde Quatschfrage, die ich nicht mehr beantworte. Wenn sie jemand stellt, laufe ich weg.«

(Lody Roembiak auf die Frage, ob die Bremer in einer Krise stecken)

Beim Heimspiel des SV Werder gegen Eintracht Frankfurt (1:0) sind offensichtlich auch Berliner im Stadion. Am Zaun hängt ein Plakat mit dem Spruch:

»Hertha – komm zurück, Mario Basler!«

Der Bremer Profi reagiert launig:

»Ich verstehe das Ding nicht. Meine Frau heißt gar nicht Hertha, sondern Karin.«

»Mister-1.000-Volt ist ein Schwachstrom-Elektriker gegen mich.«

(Otto Rehhagel)

In Bremen geht in der Saison 1976/77 die Angst um: Ein RÄTSELHAFTER REIFENSTECHER ist aktiv. Präsident Dr. Böhmert, Stellvertreter Fischer, Manager Assauer und Trainer Tilkowski sind die Opfer. Man befürchtet das Schlimmste. Die Reifen-Attentate können gezielte Mordattacken auf die Werder-Offiziellen sein. Eine SOKO der Kriminalpolizei wird eingesetzt, tappt aber im Dunkeln.

Am 21. Spieltag der Saison 1972/73 wird die erste Partie der Bundesligageschichte wegen einer Grippeerkrankung einer Mannschaft abgesagt. Werder Bremen hat den Antrag beim DFB gestellt, weil der Großteil des Teams flach liegt. Eine Woche später gewinnen die gesundeten Bremer 4:2 gegen Eintracht Braunschweig. Deren Trainer Otto Knefler reibt sich noch lange nach Spielende verwundert den Kopf: **»Die Bremer müssen offensichtlich einen Wunderdoktor gefunden haben. Ich hatte heute jedenfalls den Eindruck, dass nicht die Werder-Spieler, sondern wir grippekrank waren!«**

Zu Hause bei Horst-Dieter Höttges

Adressen der Stars des SV Werder Bremen in der Saison 1971/72:

- **Rudi Aussauer,** Dr. Hünerhoff-Str. 9, 2804 Lilienthal
- **Horst Höttges,** An der Windmühle 13, 2807 Achim
- **Herbert Laumen,** Eislebener Str. 69, 2800 Bremen

Hans Simon, Schalkes Zeugwart, reibt sich die Augen. Vor ihm in der Kabine sitzt Manni Burgsmüller ganz versunken in eine sehr spezielle Tätigkeit: **»Ich sah, wie Manni seine Schuhe mit unzähligen Flicken drauf im warmen Wasser fast eine halbe Stunde zärtlich durchknetete und knautschte – bis sie wieder in Passform waren.«** Anschließend gewinnt Werder mit 3:1. Alle drei Tore für Bremen schießt an diesem kalten Dezemberabend jedoch Burgsmüllers Sturmpartner Frank Neubarth.

Willi Lemke weiß, dass er Mist gebaut hat. Sein Auftritt bei der WDR-Sendung »Ich stelle mich!« zusammen mit Michael Meier, Jimmy Hartwig und vor allem dem umstrittenen Spielerberater Holger Klemme ist in die Hose gegangen: **»Ich war auf die Sendung präpariert wie nie, hatte 200 Seiten Unterlagen über Klemme studiert. Aber mein Auftritt war ein Reinfall. Ich wollte Klemme ironisch kommen, was die Zuschauer nicht verstanden haben, und setzte zu viel Detailwissen voraus. Klemme sah besser aus.«** Besonders in Erinnerung bleibt den TV-Zusehern eine grandiose Geschichte des Spielerberaters: Er plaudert aus, dass Lemke 1983 zwei bargeldlose Nationalspieler aus einem Rotlicht-Etablissement in Graz nur gegen eine sofortige Vertragsverlängerung auf einem Bierdeckel loseisen wollte. Lemke klagt gegen Klemme, aber eigenartigerweise nicht wegen dieser Geschichte: **»Ich habe keine Zeugen außer den Spielern, aber die will ich da nicht mit reinziehen!«**

Nach einem überzeugenden 3:0 in der Saison 1976/77 seiner Werderaner über Borussia Dortmund kann sich Coach Hans Tilkowski einen Seitenhieb auf seinen alten Verein nicht verkneifen: **»Im Vergleich zu den Borussen haben wir unsere Neuen ja auf Rabattmarken bekommen.«**

In Bremen herrschen klare Verhältnisse, wie dieser Witz dokumentiert, den man sich an der Weser gerne erzählt. Werders Vorsitzender Dr. Franz Böhmert meckert Manager Willi Lemke an: **»Ein für allemal: Der Präsident bin immer noch ich!«** Lemke ganz cool: **»Ach ja, und wer schmeißt den Laden hier bei Werder? Ich doch! Das hat mir der liebe Gott persönlich gesagt!«** Von der Seite ruft Otto Rehhagel herein: **»Was soll ich gesagt haben?«**

Starschnitt
Torsten Frings

»Zurzeit verliere ich sogar Laufduelle gegen meine kleinen Töchter.«

(Im Aufbautraining)

»Was willst du denn von mir, du Lutscher?!«

(Während des ersten Trainings bei Werder Bremen zu Andreas Herzog)

»Ich hatte einen Hals ohne Ende.«

»Frings mit links!
Reimt sich zwar, ist aber leider nicht sein starker Fuß.«

(Heribert Faßbender)

»Torsten Frings ist katholisch, der würde nie nach Italien wechseln. Da müsste er ja sonntags arbeiten.«

(Norbert Pflippen, Spielerberater)

Torsten Frings auf die Frage, wie man denn am besten einen Angriff der gegnerischen Mannschaft unterbindet: **»Dann muss man seinem Gegenspieler eben mal zufällig in die Hacken laufen.«**

14. April 1983: Willi Lemke in der Bremer Innenstadt

»Manche Vereine sparen und drehen die Mark zweimal um. Bei Werder wird sogar jeder Pfennig geröntgt.«

(Willi Lemke)

»Ein Spiel ist doch keine Modenschau! Deshalb trage ich auch jeden Sonnabend zur TV-Zeit einen Trainings-, also einen Arbeitsanzug.«

(Otto Rehhagel)

»Ich lerne nicht extra Französisch für die Spieler, wo diese Sprache nicht mächtig sind.«

(Mario Basler)

»IMG hat eine Analyse machen lassen, die besagt, dass ich sehr sympathisch, beliebt und sehr werbewirksam sei. Ich hoffe, dass das noch lange so bleibt.«

(Felix Magath über eine Analyse seiner neuen Vermarktungsagentur)

Dieter Burdenski geht nicht nur unter die Autoren, sondern veröffentlicht sein Werk **»Dieter Burdenski. 18 Jahre die Nr. 1«** auch gleich noch selbst, im Eigenverlag. »Die reine Wahrheit« will der Torhüter in seinem Buch erzählen, das mit einer Auflage von 6.000 Stück startet. Ein ganzes Kapitel ist dem Bundesligaskandal gewidmet: »Eine schlimme Zeit. Monatelang konnte ich nur mit Valium schlafen.«

Norbert Nachtweih macht im »Aktuellen Sportstudio« der Zunft der Fußballprofis alle Ehre. Nachdenklich sagt er:

»Die Bremer sind jetzt weg vom Fenster, aber weiter zu beachten.«

»Bei Dieter Pauly bekommst du auswärts wie zu Hause Schüttelfrost. Es ist schon fast in ganz Norddeutschland so: Bei einer fehlerhaften Entscheidung rufen die Leute ›Pauly, Pauly‹.«

(Willi Lemke)

Starschnitt
Rudi Völler

»Ohne Völler sind wir ein Orchester ohne den Ersten Geiger. So kann man nur gute, aber keine geniale Musik spielen.«

(Otto Rehhagel)

Rudi Völlers Mutter Ilse: »Wie der Vater und er auf dem Boden gesessen haben und den Netzer zusammengeklebt haben. Für den hat er nämlich früher geschwärmt – und also musste er auch in Lebensgröße in seinem Zimmer hängen. Eine Kultfigur als Vorbild, an die der Rudolf nie etwas kommen ließ. Mein Bruder, also Rudolfs Onkel, konnte den Netzer wegen seiner langen Haare nie leiden. Darum hat er immer gesagt: ›Häng den Kerl da runter …‹ Und der Rudolf hat zurückgebrüllt: ›Nein, der bleibt hängen, wo er ist.‹ Er konnte schon stur sein. Wenn es früher Eintopf gab, wollte er den nie essen. Da habe ich ihm mal erzählt, dass das der Eintopf vom Beckenbauer aus der Werbung ist. Und plötzlich wurde der ›Beckenbauer-Eintopf‹ zu seinem Leibgericht.«

1983: Rudi Völler mit seinem Dackel

»Fußballprofi sein ist doch wie Kino: Guckst einen Film an, schön mit Popcorn und Cola – aber irgendwann ist der Film zu Ende, und du musst raus in die Wirklichkeit.«

»Als Stürmer darf man keine Nerven zeigen. Aber keine Nerven zu haben, das kostet ganz schön Nerven.«

»Mich hat noch niemand **ohne Ball** zum Laufen gebracht.«

»Wenn von hinten nichts kommt, sind wir die einsamsten Leute auf dem Platz.«

»Ich kann ihm Brücken bauen. Aber **die Angst vorm anderen Ufer**, vorm gegnerischen Sturm also – die muss er allein abbauen.«

(Hermann Nuber)

»Was **meine Frisur** betrifft, da bin ich **REALIST**.«

Zwei in einem Boot: Rudi Völler und Wolfgang Sidka

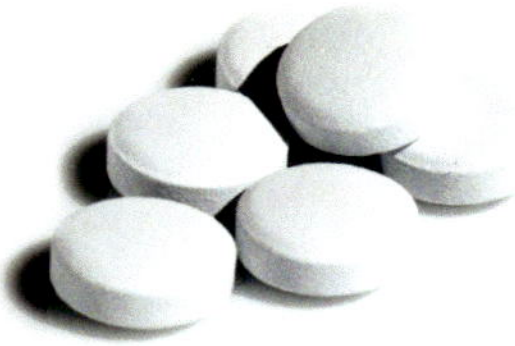

»Wer mit links nicht schießen kann, trifft den Ball auch nicht, wenn er **100 Tabletten** schluckt.«

(Otto Rehhagel)

»Grundsätzlich ist es mir egal, was meine Spieler essen und trinken. Hauptsache, sie nehmen mir bei McDonald's keinen Platz weg.«

(Felix Magath)

Reporter zu Thomas Schaaf:
»Geben Sie mir bitte eine Antwort auf die nächste Frage, in der nicht ›egal‹ vorkommt. Wer soll Ihr Finalgegner werden? Bayern oder Schalke?«
Schaaf:
»Is' mir wurscht!«

»Dieses Tor war das letzte Gift im Becher.«

(Aad de Mos)

»Heutzutage ist es **einfacher, drei Autos zu klauen, als ein Spiel** als Bundesliga-Trainer **zu verlieren**. Man bekommt keine Zeit.«

(Otto Rehhagel)

»Da versuchen Leute, unserem Trainer **Stinkbomben in den Garten** zu schmeißen.«

(Manager Willi Lemke, als Journalisten über den Weggang von Aad de Mos spekulieren)

Bremens Uli Borowka ist von 216 Profis zum größten **»TRETER DER BUNDESLIGA«** gewählt worden. Seine Frau Carmen reagiert etwas geschockt, als sie von der »Auszeichnung« erfährt: **»Jetzt weiß ich erst, mit was für einem Rüpel ich verheiratet bin. Eigentlich müsste ich mich von Uli scheiden lassen.«** Borowka selbst nimmt die Sache auch eher mit Humor. Er findet es nur schade, dass er nichts Vorzeigbares in den Händen halten kann: **»Es gibt doch immer Nadeln und Pokale. Ich bestehe jetzt auf einem eisernen Schuh!«**

»Was nützt es, wenn ich weiß, wie der Läufer von Marathon hieß oder was rote und weiße Blutkörperchen sind? **Ich muss wissen, wer Tore schießt und wer nicht.**«

(Fritz Langner)

»Die Tabelle, die ja nie lügt, täuscht ja oft.«

(Felix Magath)

Nach einem 2:0-Sieg über Braunschweig sagt der DFB-strafverfolgte Seitenlinienpolterer Otto Rehhagel mit Lachfalten um die Augen: »Der einzige Braunschweiger, der mir heute gefährlich werden konnte, war Kindermann.« Damit meinte Rehhagel ausnahmsweise einmal nicht den DFB-Scharfrichter, sondern den Eintracht-Spieler Reinhold Kindermann.

»Mir wär's lieber, wir spielen jeden Samstag aggressiven Fußball, damit die Leute Freude am Zuschauen haben. Wer schachbrettartige, ausgeklügelte Partien sehen will, der geht zu Hübner gegen Smyslow. **Wir bei Werder spielen lieber wie Brasilien und gehen mit fliegenden Fahnen unter, als dass wir unser Publikum langweilen.**«

(Präsident Dr. Franz Böhmert)

Werder Bremens Profispieler Uwe Reindern, ein Mann des lockeren Lebenswandels, macht ein überraschendes wie unglaubliches Geständnis: **»Bis zu meinem 20. Lebensjahr habe ich keinen Tropfen Alkohol angerührt. Dann musste ich wegen Schlafstörungen zum Arzt. Der stellte fest, dass ich wegen der großen Mengen Cola, die ich in mich hineinschüttete, nachts immer aufwachte. Der Arzt empfahl mir Bier als Schlafmittel.«**

Die Meisterschaft der Saison 2003/04 sichert sich das Team am 32. Spieltag durch ein souveränes 3:1 beim direkten Konkurrenten und Verfolger Bayern München. Im Entmüdungsbecken zieht Torjäger Ailton vor laufenden Kameras blank und präsentiert sich der Fernsehnation in seiner vollen Pracht. Draußen auf der Tartanbahn des Olympiastadions hatte Ailton schon zuvor überschwänglich von seinen Plänen für den Rest des Tages erzählt:

»Champagne, Wasser, Bier brasilian. Musse heute alles. Alle.«

Ailton bei der Meisterfeier

Starschnitt
Otto Rehhagel

»Am Anfang war ich ein Vulkan, jetzt bin ich ein Diplomat. **So enden alle Karrieren, in denen es um viel Geld geht.**«

»Ich brauche Spieler, die am **Ball besser** sind **als am Mikro.**«

»Als wir heute aus der Sackgasse rauswollten, war der Sack leider schon zu.«

»Das war nichts Außergewöhnliches … Ein Straftrainingslager mit fünf Sternen.«

(Auf die Frage, was in der Klausur nach einem schlechten Bundesligastart geschehen sei)

»Ich entscheide als Trainer so, wie ich denke. Und dann setzt ein großes Geschrei ein. Das bewegt mich kaum. Aber ich muss sagen, ins Gewissen reden mir oft diejenigen am wirksamsten, die einfach schweigen.«

»Bei Werder habe ich sechs Jahre um ein eigenes Klo gekämpft. **Bei Real würden sie mich fragen: Welche von den zehn Toiletten möchten Sie benutzen?«**

»Niemand wurde verboten, nicht offensiv zu spielen.«

»Ich muss von jedem Spieler in Europa wissen, was für ein Duftwasser er benutzt.«

»Trainer.«

(Beate Rehhagel redet so ihren Mann Otto an.)

»Herr Rehhagel, mit welcher Farbe muss ich zu Hause bei mir die Wände streichen?«

(Ein Journalist auf einer Pressekonferenz, nachdem der gelernte Maler und Lackierer Rehhagel gesagt hatte, er antworte nur noch auf Fachfragen)

»Halt die Fresse.«

(Jorginho, als Rehhagel Bayern trainierte, zu seinem Coach)

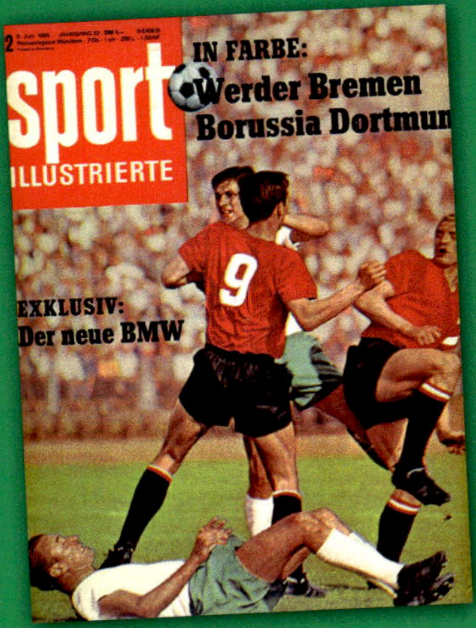

Werder Bremen lässt in der Saison 1979/80 im Kampf um eine bessere Tabellenplatzierung nichts unversucht. Selbst die Stadiondurchsagen kommen auf den Prüfstand und werden von Psychologen begutachtet. Und tatsächlich: Eine wird für problematisch befunden. Bisher vermeldete die Stimme aus den Lautsprechern im Weserstadion pünktlich in der 85. Minute: »Achtung, Achtung, eine Durchsage für die Ordner. Bitte alle Stadiontore öffnen und die Plätze an der Laufbahn einnehmen!« Doch diese Mitteilung ist für manche Werder-Profis nicht förderlich. Die Durchsage verunsichert die Spieler, sie reagieren hektisch, bei Rückständen gar panisch und verlieren die Konzentration – wie hochrangige Wissenschaftler in einer Spezialanalyse herausfinden. Die Werder-Akteure wissen nun, anders als ihr Gegner, ganz genau: Aha, es sind also (nur) noch fünf Minuten zu spielen! Übrigens: Als man die Durchsage tatsächlich abschafft, steht Werder auf dem elften Tabellenplatz. Am Ende der Saison steigen die Bremer als 17. ab!

»Otto sagt immer, Goethe hätte bei ihm einen Stammplatz. **Schade, dass der Mann keine Tore schießt.**«

(Udo Lattek über Otto Rehhagel)

»Er hat nur zu kleine Hände, sonst könnte man ihn auch als Torwart gebrauchen.«

(Thomas Schaaf über Wesley)

»Wieso?
Kommt hier noch ein LKW durch?

(Michael Schulz, als ihn nach einem Spiel in Leverkusen ein Ordner zurechtwies: ***»Bitte verlassen Sie den Gang, Herr Schulz. Oder ich muss Sie rausschmeißen. Sie stehen hier im Weg.«****)*

Frage an den beinharten Abwehrrecken Michael Schulz:

»Wie verwöhnen Sie sich?«

Schulz:

»Ich lasse mich von meiner Freundin Petra verwöhnen.«

Als Willi »Fischken« Multhaup mit 68 Jahren am neunten Spieltag der Saison 1971/72 bei Werder Bremen an der Seite von Sepp Piontek auf der Trainerbank Platz nimmt, will er die Lorbeeren nach dem 3:1-Sieg in Düsseldorf gar nicht ernten: **»Das ist nicht mein Bier, das ist die Sache von Sepp Piontek. Wir haben noch gar nicht über Geld gesprochen. Ich habe keinen Vertrag unterschrieben.«** Und eigentlich wollte Multhaup auch gar nicht mehr arbeiten, sagt aber schließlich doch zu: **»Ich kam aus dem Sanatorium und war wegen meiner Gesundheit besorgt. Dr. Bömert bemühte sich um das Untersuchungsergebnis und gratulierte mir: ›Sie sind der gesündeste Mensch der Welt.‹ In dieser Stimmung macht man schon einmal solche Sachen.«**

Übergangs-Coach Piontek muss in dieser Saison sogar noch einmal selbst ran. Am 32. Spieltag wird er in der 84. Minute von Trainer Fritz Langner eingewechselt. Sein neuer Mitspieler Werner »Acker« Weist ist noch Jahre später von ihm begeistert: **»Der Piontek war ein Draufgänger. Ein gerader, kerniger Typ. Und hart gegen sich. Sogar gespritzt hat er sich selbst.«**

Starschnitt
Tim Wiese

»Er ist ein Torwart und er sieht gut aus – Tim, Tim, Tim, Tim, Tim, Tim, Tim!« zum alten Kraftwerk-Hit »Das Modell«

»Alle hassen Wiese, aber für mich ist er der unglaublich Derbste!«

(Jan Delay)

Tim Wiese springt am 32. Spieltag dem HSV-Profi Ivica Olic beim Derby in Hamburg (0:1) mit einem Kung-Fu-Tritt ins Gesicht. Später wird gegen den Torhüter gar wegen **»versuchten Totschlags«** ermittelt. Wiese zeigt sich entsetzt: **»Derjenige, der mich angezeigt hat, forderte, ich solle die gerechte Strafe bekommen. Wahrscheinlich meinte er Knast.«**

»Ich benutze kein Gel, sondern Wachs – **um das mal klarzustellen**.«

»Ich gebe jede Woche eine Visitenkarte ab, aber ich habe keine Lobby in diesem Land. Trotzdem werde ich weiterkämpfen, bis mir das Blut aus den Ohren tropft. Ich freue mich riesig, dass ich als dritter Torwart dabei sein darf.«

(Über seine Nicht-Nominierung durch Bundestrainer Joachim Löw)

»Der Lehmann soll in die Muppet-Show gehen.«

(Über Jens Lehmann)

Starschnitt

Manfred Burgsmüller

Saison 1985/86: Ein kurioses Tor, über das die Bundesliga lacht, erzielt bei der Partie des SV Werder Bremen gegen den 1. FC Kaiserslautern (2:0) Manni Burgsmüller. Der Stürmer schildert den Treffer in der 55. Minute aus seiner Sicht so: **»Der Ehrmann hält den Ball, ich liege so neben dem Tor, rappel mich auf und will zur Mitte. Da seh ich, wie der Gerry vor sich hinpennt. Ich geh zu ihm hin und schubse dem mit der Hand die Pille aus dem Arm. Fällt der Ball auf den Boden und ich schieb ihn rein.«** Der Lauterer Torwart ist alles andere als erfreut und droht Burgsmüller mit der Faust. Burgsmüller: **»Der Ehrmann machte ja Bodybuilding und konnte kaum laufen vor Kraft. Wenn der mir eine gescheuert hätte …«** Es wäre wohl verdient gewesen! Denn Burgsmüller flüstert dem erregten Keeper noch ins Ohr: **»Tor ist, wenn der Schiedsrichter pfeift.«** Dann geht er schnell flitzen! Übrigens: Der Schiri hat eigentlich nichts mitbekommen, redet sich aber eloquent aus der Bredouille: **»Ich habe keinen Rempler gesehen, der Ball war frei, als Burgsmüller ihn spielte. In den Händen des Torwarts war er nicht.«** Nicht mehr – und das bringt Ehrmann auf die Palme. Mit einem einzigen Ziel läuft er nach Spielschluss auf den Schiedsrichter zu, wird jedoch kurz vorher abgefangen. Sein gestählter Körper bebt, aber ihm bleibt nur der Mund!

Manfred Burgsmüllers ungewöhnliches Comeback

Ein gestandenes Mannsbild, obwohl er oft noch wie ein großer, ungebärdiger Junge wirkt. Einer, der sich schon aufs Altenteil zurückziehen könnte wie die meisten seiner gleichaltrigen Stürmerkollegen, der aber noch immer um vieles jünger wirkt als mancher jüngere.

Gemeint ist Manfred Burgsmüller. Mal als Retter und mal als Rebell, mal als Kunstschütze gepriesen und mal als Heckenschütze getadelt. Einer, der alle Schliche auf dem Fußballplatz, aber auch hinter den Kulissen kennt. Ein Schlitzohr, den der Erfolg beflügelt.

Otto Rehhagel kannte Tricks und Schliche seines spät geholten Dauerbrenners und Dauerrenners. Einer von solcher Sorte hatte den vielleicht oft gar zu braven Bremern gerade noch gefehlt, vor allem, als sich herausstellte, daß Rudi Völler lange fehlen würde.

Burgsmüller schoß Tore, wie nur er sie schießt!

Den Ball über Gladbachs Torwart Sude wie ein Jongleur hinweg lupfend, einen Abschlag des Düsseldorfer Keepers Schmadtke wie einen Bumerang zurückschleudernd (ins Tor selbstverständlich), einen Ball dem Kaiserslauterner Torwart Ehrmann aus der Hand rempelnd (und wiederum ins Tor befördernd) sowie zwei Kunstschüsse gegen Leverkusen aus der Drehung heraus ins entlegene Eck zirkelnd.

Bürgsmüller ließ nicht überall nur Freunde zurück, wo er einst spielte. In Nürnberg zum Beispiel, wo er nicht in die damals zusammengewürfelte Mannschaft und das Team nicht zu ihn paßte. Manni ist auch keiner, der sich um jeden Preis Freunde und Freundschaften erwerben will. Wäre er von solchem Zuschnitt, würde es ihm wahrscheinlich an List und Tücke als Fußballer fehlen.

Burgsmüller noch mit nach Mexiko?

Ein Gedanke, der vielen seiner Fans gekommen sein mag, als plötzlich Dieter Hoeneß im Beckenbauer-Kreis auftauchte. Ein Gedanke jedoch, den Burgsmüller ebensoweit von sich wies wie der DFB-Teamchef.

Mann, o Mann(i) Burgsmüller!

W. K.

Ein kleines Wunder der Bundesliga: Manfred Burgsmüller erlebt mit 36 seinen vierten Fußball-Frühling in Bremen. Schwung erhält jung.

Mann, oh Mann(i)

Jedes zweite seiner Tore ist fast schon ein kleines Kunstwerk: Spezialität des Manni Burgsmüller.

fuma-Foto: Liedel

1990 beendet Manni Burgsmüller seine lange Karriere. 1985 kam er mit 36 Jahren vom Zweitligisten Rot-Weiß Oberhausen zu Werder Bremen – persönlich beobachtet und verpflichtet durch Otto Rehhagel: »Mit Bart und Schlapphut verkleidet bin ich nach Oberhausen gefahren, hab mich auf einen Stehplatz gestellt. Die Fans neben mir schwärmten von Manni. Der war körperlich noch hundertprozentig drauf. Dazu diese Leichtfüßigkeit, die Spielintelligenz. Frau Burgsmüller ist damals vom Hocker gefallen, doch dem Manni habe ich etwas geschenkt, das ist einmalig. Der wollte aufhören und wurde zwei Jahre später Deutscher Meister. Sein erster Titel.«

Der ehemalige Bremer Rigobert Gruber eröffnet Ende der 1980er Jahre eine Herren-Boutique namens »Rigo's Nouveau« und bildet sich auch sonst beruflich in Sachen Bekleidung weiter: **»Ich wollte sehen, ob ich Mode nicht nur verkaufen, sondern auch präsentieren kann. Deshalb habe ich einen Dressman-Lehrgang absolviert.«** Mit Bravour: **»Mich hat sogar ein anderer Bremer Boutique-Besitzer engagieren wollen. Aber professionell will ich nicht als Dressman arbeiten.«** Stattdessen wünscht er sich ein weiteres Standbein, die Musikbranche. Lockerleicht erzählt Gruber: **»Vielleicht mache ich ein bisschen auf Michael Jackson!«**

»Unsere Chancen stehen **70:50**.«

(Thorsten Legat)

»Gut, dass ich nicht so viele Hemden habe, sonst würde mir der Kragen platzen.«

(Thomas Schaaf)

Eigentlich zimmert Haudegen **Uli Borowka** die Bälle gerne mit ordentlich Karacho aufs Tor. Doch seinen Treffer zum 1:0 beim 1. FC Kaiserslautern (3:2 für Werder) erzielt er mit einem eleganten Schlenzer. Die Begründung für die andere Schusstechnik klingt einleuchtend: **»Kurz vor der Szene brach meine alte Zerrung wieder auf, da konnte ich nicht voll draufhauen – also habe ich den Ball gelupft!«**

GALERIE DER STARS

Zur Person

Ulrich Borowka, geboren am 19. 5. 1962 in Iserlohn, Größe 1,78 m, Gewicht 74 kg, erlernter Beruf: Maschinenschlosser.

Seit 1987 bei Werder Bremen, davor von 1980 bis 1987 bei Borussia Mönchengladbach, bis 1980 bei DSC Wanne-Eickel, davor beim SSV Kalthof und beim FC Oese.

176 Bundesligaeinsätze für Werder Bremen und Bor. M'gladbach, 12 Tore, 28 Europapokaleinsätze, 1 A-Länderspiel am 2. 4. 1988 in Berlin gegen Argentinien (1:0), 2 U 21, 8 Olympia-Auswahl.

Vertrag bis 30. 6. 1990.

Verheiratet seit November 1986

Autogrammadresse: Im Moor 9, 2800 Bremen.

Uli Borowka

Ein blau-weiß gestreiftes Trikot mit der Nummer 19 ist derzeit das begehrteste Fußballhemd der Welt. Einer der wenigen, die es besitzen, ist der Bremer Uli Borowka. Erhalten hat er es beim Vierländerturnier in Berlin, als er als Nationalmannschafts-Debütant den Weltstar Maradona sicher im Griff hatte und als „Belohnung" nach dem Schlußpfiff der mit 1:0 gewonnenen Partie gegen Argentinien das Trikot mit seinem Gegenspieler tauschen durfte.

„Ich glaube, er hat sich in die Mannschaft gespielt", sagte Teamchef Franz Beckenbauer nach dem Spiel über Borowka. Mit unbändigem Ehrgeiz und erstaunlicher Nervenstärke hat es Uli Borowka geschafft, sich ins Blickfeld für die Europameisterschaft zu schieben.

Sein steiler Aufstieg begann mit dem Wechsel Anfang der Saison 1987/88 von Mönchengladbach zum SV Werder Bremen. Borowka trug wesentlich zur Stabilität der Abwehr in der Rehhagel-Truppe bei. „Ich habe Gladbach genau zum richtigen Zeitpunkt verlassen", freut sich Uli heute. Mehr noch, daß er in Bremen auf Anhieb schaffte, was ihm in Gladbach versagt blieb: Meister zu werden! Ein Spieler, der auch unheimlichen Druck nach vorn zu machen versteht.

Folge 19

Zur Sache

Werders Karl-Heinz Riedle kann das Elend nicht ertragen. Immer wieder foult sein Gegenspieler ihn. Da gibt er dem Waldhöfer Debütanten Frank Ockert zum Schluss noch einen gut gemeinten Tipp mit auf den Weg:

»Junge, so kommst du nicht weiter.
Ab und zu musst du auch mal den Ball treffen!«

»Langsam geht es wieder Richtung Wand.«

(Felix Magath nach drei Niederlagen in Folge)

Manfred Bockenfeld – geb. 23. 7. 1960, Größe 184 cm seit 1989 bei Werder, vorher Waldhof Mannheim, Fort. Düsseldorf, 1. FC Bocholt, FC Südlohn-Oeding, Nationalspieler

PORTAS
Der Renovierungs-Spezialist Nr. 1 in Europa.

»Die Gegner vom Bockenfeld kriegen nachher Krankengeld.«

(»SportBild«-Leser Dietmar Z. aus 4980 Bünde)

»Die tägliche Umgangssprache im Sport ist hart, abgehackt und unvollkommen. Da ist es für mich geradezu wohltuend, die einzigartige Sprache und die wohlgestalteten Formulierungen dieses großen deutschen Dichters zu lesen. Einen Gedichtband von ihm trage ich häufig bei mir.«

(Otto Rehhagel in einer Umfrage zu Goethe)

»Jetzt wird es für uns ganz eng. Wir haben niemanden mehr, der aus 50 Metern Tore schießen kann.«

(Thomas Schaaf zum Ausfall von Fabian Ernst)

»Hoffentlich wird bald die neue Tribüne freigegeben. **Dann können die Zuschauer auf der linken Seite den Dreßel wach schreien.«**

(Werder Bremens Trainer Wolfgang Weber über seinen formschwachen Linksaußen Werner Dreßel)

»Das Berufsbild des griechischen Stürmers sieht viel vergebliche Laufarbeit vor.«

(Die »Frankfurter Allgemeine Zeitung« über Angelos Charisteas)

Die Saison 1982/83 startet mit einem der eigenartigsten Treffer der Bundesligageschichte. Bayerns neuer belgischer Keeper Jean-Marie Pfaff weiß offensichtlich noch nicht alles über den Mann, der da an der Außenlinie steht und Anstalten macht, den Ball per Hand direkt in den Strafraum zu befördern. Und genau das macht dieser Mann mit den schwungvollen Oberarmen, Uwe Reinders, in der 44. Minute am ersten Spieltag im Weserstadion. Er nimmt ein paar Meter Anlauf und wirft das Leder dann Richtung Bayern-Tor. Pfaff stürmt irritiert aus seinem Kasten, berührt den Ball am Fünfmeterraum leicht mit den Fingerspitzen und lenkt die Kugel so ins eigene Tor. Das 1:0 für Werder ist gleichzeitig auch der Endstand an diesem Tag. Uwe Reinders wird von Paul Breitner argwöhnisch gelobt: **»Klasse, Uwe! Das war schon ein Bombentor. Allerdings gelingt so eines nur gegen uns!«** Reinders sieht die Sache mit einem Schmunzeln im Gesicht eher pragmatisch: **»Ich war durch eine Knieverletzung stark gehandicapt. Da musste ich das Tor mit der Hand machen.«**

Und auch Pfaff kann dem spektakulären Treffer schon recht bald etwas Gutes abgewinnen: **»Das Tor war positiv für mich. Ich war sofort überall bekannt. Vom Fernsehen wurde es zehnmal wiederholt.«**

Starschnitt Ailton

»Wenn **ich Trainer wäre und einen Ailton hätte**, würde der immer 90 Minuten spielen.«

»Vielleicht haben sich die Deutschen gegenüber Gott schlecht verhalten. Deshalb hat er sie mit der KÄLTE bestraft.«

»Es ist einfacher, Tore zu schießen, als den deutschen Führerschein zu machen.«

»Möglich, dass er einfach lieber in der Halle spielt. In einer Arena, in der das Dach auf- und zugeht.«

(Klaus Allofs zum Wechsel zu Schalke 04)

»Ein bisschen was Deutsches muss man schon haben.«

(Rudi Völler zum Interesse des Brasilianers, für Deutschland spielen zu wollen)

»**Ailton,** bisher hat er gespielt wie ein Haufen **wehleidiger Quark**.«

(Werner Hansch)

»Das, was Toni macht, könnte man als bezahlten Urlaub bezeichnen. Er macht Urlaub und bezahlt dafür.«

(Thomas Schaaf über den Brasilianer, der beim Trainingsauftakt unentschuldigt fehlte)

»Wenn man sieht, welche Öffentlichkeitswirkung er damit erzielt, wäre es ja fast fahrlässig von ihm, pünktlich zu sein.«

(Thomas Schaaf über seinen wieder einmal zu spät aus dem Urlaub zurückgekehrten Stürmer)

James »Ailton« Bond sieht auch mit Revolver und Sonnenbrille ziemlich cool aus.

Den Bremern wurde es nie langweilig, als sie ihren Marko Arnautovic hatten. Wöchentlich sorgte er mit ausgefallenen Aktionen für Schlagzeilen. Kurz vor Ende einer Saison schoss Arnautovic aber wieder einmal den Vogel ab. In seinem Garten spielte er mit seinem dreijährigen Schäferhund Santos. Ein echter Bälle-Narr wie sein Herrchen. Beide tollten auf dem häuslichen Grün herum, als es passierte: Arnautovic nahm den Ball in die Hand, lief vor Santos weg, blieb in einem Loch im Rasen hängen, verdrehte sich das Knie und fiel mit einem Innenband-Riss wochenlang aus.

Arnautovic:

»Der Hund kann aber nix dafür!«

Der Franzose Johan Micoud spielt 2003/04 eine herausragende Saison und ist der gefeierte Star bei Werder. Sein Teamkollege Ivica Banovic beschreibt ihn so:
»Micoud will immer gewinnen. Wenn es dann nicht so läuft, wird er ein anderer Mensch. Aber das muss er wohl sein, um so genial zu sein.«

»Wenn alles läuft, dann sagt man, es geht ohne Trainer. Wenn es nicht läuft, dann ist der Trainer schuld.«

(Otto Rehhagel)

»Im Leben gibt es zwei Dinge, die unumstößlich sind:

Jeder Mensch stirbt, und ein Trainer wird entlassen.«

(Aad de Mos)

In Bremen erinnern sie sich in den Zeiten des Erfolgs an ihren alten Trainer Otto Rehhagel. Manager Klaus Allofs: **»Der hat immer zu den Spielern gesagt: ›Jungs, wenn ihr Tabellenführer seid, gibt's nur eins: rauf aufs Sofa, Bier auf, Fernseher an, ARD-Videotext Tafel 253, die Tabelle angucken und den ganzen Abend anlassen – und dann nur noch genießen.‹«**

»ZUM GLÜCK IST MAGATH JETZT IN BREMEN gelandet. Den können wir nicht mehr bekommen.«

(Eintracht-Profi Ansgar Brinkmann)

Stürmer Bernd Hobsch setzt die Reihe der Fußballer fort, die mit lustigen Anrufbeantwortersprüchen glänzen: **»Vorsicht, Sie befinden sich in meinem Strafraum. Jetzt nicht kopflos reagieren. Immer daran denken, was der Trainer gesagt hat: DRUFF, EINFACH DRUFF!«**

»Jeder Zirkusdirektor träumt davon, dass über seine Vorstellung so intensiv berichtet wird wie über unsere.«

(Willi Lemke über die Bundesliga)

Nie um eine Ausrede verlegen. Nachdem Werder-Keeper Oliver Reck beim Spiel gegen die Stuttgarter Kickers unter einem Flankenball hindurchgetaucht war, erklärte er:

»Mich trifft nur eine Teilschuld. Immerhin habe ich versucht, an den Ball zu kommen.«

»Ich bin der einzige Trainer der Welt, der einen Journalisten ins Tor stellt. Und da heißt es, ich hätte etwas gegen die Presse.«

(Werder-Trainer Otto Rehhagel über den Nachwuchs-Journalisten Jürgen Rollmann)

Beate Rehhagel wird als die **»Gaby Schuster des deutschen Fußballs«** bezeichnet, und Otto regt sich darüber furchtbar auf: **»Das können nur Primitivlinge schreiben!«**

1979 feiert Hamburgs ehemaliger Manager Dr. Peter Krohn in der ARD mit seiner Sendung »Superschuss« Premiere. Den Zuschauern wird ein buntes Programm rund ums runde Leder geboten: So muss beispielsweise Bremens Keeper Dieter Burdenski gegen eine Torschussmaschine antreten. Da sie falsch eingestellt ist, lässt sie ihm jedoch kaum eine Chance, einen Ball zu parieren. Zwischendurch intoniert eine Bundeswehr-Bigband schmissige Lieder, und Schlagersänger Tony Marshall verpasst seine Einsätze beim Playback.

Viele Jahre später führt Manager Willi Lemke in Bremen in der Saison 1987/88 den »Superschuss« ein. In der Halbzeitpause können Zuschauer von der Mittellinie versuchen, direkt ins Tor zu treffen. Wer es schafft, kassiert 1.000 Mark. Die Bundesliga erfindet die Halbzeitshow, und Lemke ist ganz vorne mit dabei.

Ein eher merkwürdiges Rahmenprogramm im Weserstadion in den 1980er Jahren …

Thorsten Legat & Uli Borowka

Uli Borowka erzählte einmal folgende Geschichte über seinen Mitspieler Thorsten Legat:

Eines Tages kam Thorsten schon mit schmerzverzerrtem Gesicht morgens zum Training. Coach Otto Rehhagel fragte, was denn los sei, und Legat antwortete prompt: **»TRAINER, ich habe mir über Nacht den Meniskus gezerrt. Ich würde schätzen, ich falle für die nächsten drei, vier Wochen aus!«** Rehhagel schaute Legat etwas irritiert an: **»Thorsten, das ist gut, dass Sie gleich zu mir kommen. Es ist hervorragend, dass Sie einzuschätzen wissen, was für eine Verletzung Sie haben, und fast unglaublich, dass Sie auch noch den Verletzungszeitraum eingrenzen können. Es wäre jedoch toll, wenn wir uns noch eine zweite Meinung einholen könnten – wenn das kein Problem ist?! Dann fahren Sie schon einmal los, und wir machen unterdessen einen Termin im Ärztehaus.«** Nach zwei Stunden kommt Legat gerade am Ende des Trainings auf den Platz gestürmt und schreit lauthals: **»Verarschen lass ich mich auch nicht!«** Dann packt er sich ein Ballnetz, rennt zwanzig Meter vors Tor, positioniert die Lederkugeln in einer langen Reihe und drischt mit Vollkaracho und dem vermeintlich verletzten Bein auf den leeren Kasten. Sofort kommen seine Mitspieler und Trainer Rehhagel angelaufen. **»Thorsten, was ist denn passiert?«**

Legat schnaubt vor Wut: **»Die haben mich anderthalb Stunden im Wartezimmer sitzen lassen. NIX IST PASSIERT!«** Rehhagel spricht betont ruhig: **»Das geht natürlich gar nicht. Da werden wir uns direkt mal erkundigen!«** Im Ärztehaus meldet sich eine nette Sprechstundenhilfe: **»Ja, wir haben uns auch schon gewundert, wo denn der Herr Legat bleibt. Gerade haben wir uns im Haus erkundigt: Herr Legat war wohl da, hat aber leider eine Etage zu tief gesessen – in der GYNÄKOLOGIE!«**

5. Juni 1993: ausgelassene Meisterfeier im Entmüdungsbecken: Thorsten Legat (2.v.r.) mit Vizepräsident Klaus-Dieter Fischer (r.), daneben: Klaus Allofs, Dietmar Beiersdorfer und Stefan Kohn (v.r.)

Thorsten Legat bestreitet übrigens, dass sich die Geschichte je so zugetragen hat!

Eine andere Story erzählt Thorsten Legat selbst:

Einmal mussten wir in Leverkusen antreten, und über meine Seite kam der Hans-Peter Lehnhoff. Vor dem hatte ich ein bisschen Bammel. Da habe ich zum Uli gesagt, ob er nicht mal was machen könnte. Und Uli hat gemeint: **»Gar kein Problem!«** Zu Hans-Peter Lehnhoff muss man wissen, dass er der legitime Vorfahre von Tim Wiese war – was die Gesichtsbräunung anging. Und da ist der Uli zum Lehnhoff hin und hat gesagt: **»Hans-Peter, wenn du einmal über links kommst, dann tret ich dir die Bräune aus dem Gesicht!«** Was soll ich sagen: Zur Halbzeit ist der Lehnhoff in der Kabine geblieben!

»Wir müssen aufpassen, dass wir nicht auf einem fremden Planeten landen.«

(Trainer Robin Dutt, als im Frühjahr 2014 in Bremen ein UFO gesichtet wurde)

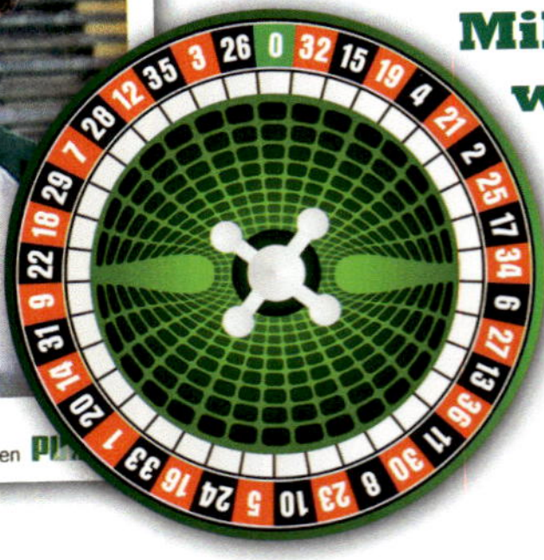

»Natürlich kann man in ein paar Nächten beim ROULETT Millionär werden. Wenn man vorher Milliardär war.«

(Frank Ordenewitz)

»Wir haben erstmals keine englische Woche. Ich weiß gar nicht, was ich da machen soll.«

(Per Mertesacker)

»Heute ist es leider so, dass die Berater ihren Jungs sagen: **Ich mach' aus dir einen Millionär. Sie sagen leider nicht: Ich mach' aus dir einen GUTEN FUSSBALLER.**«

(Otto Rehhagel)

Am achten Spieltag der Saison 1985/86 bieten Waldhofs Trainer Klaus Schlappner und Bremens Stürmer Rudi Völler nach einer hitzigen Partie (2:2) den Zuschauern noch eine kostenlose Slapstick-Einlage, an deren Ende gar Schlappis Pepita-Hut durch die Lüfte fliegt. Der Werfer ist Rudi Völler, der sich auch nach Spielschluss einfach nicht beruhigen will: »Da zieht der Schlappi über die Nationalelf und Beckenbauer her und bezeichnet uns fast als Blinde. Und selbst spielt er diesen blinden Bauernfußball.«

Auch der ansonsten als besonnen bekannte Werder-Präsident Dr. Franz Böhmert schlägt eine harte Gangart gegen die Gäste aus Mannheim an: »Ich bin froh, dass alle Spieler lebend vom Platz gekommen sind. Das schlimmste Spiel in Bremen seit 20 Jahren. Ich verstehe nun das ganze Theater in der Presse, wo die Waldhöfer als destruktive Maurermeister und als Kloppertruppe bezeichnet werden.« Und was macht Schlappi? Er setzt sich in aller Ruhe seinen Hut wieder auf, verbreitet Plattitüden (»Die Bundesliga ist grausam. Der Fußball ist wie ein Dschungel«) und verliert dennoch nicht seinen feinen Sinn für Humor. Auf die verbale wie körperliche Auseinandersetzung mit dem Bremer Stürmer angesprochen, lächelt Schlappner genüsslich in seinen Schnäuzer hinein und sagt humorvoll bis an die Unterkante des Pepita-Huts: »Ich habe mich mit Rudi Völler unterhalten wie eh und je.«

Rudi Völler bei einer Autogrammstunde am 25. August 1983.

Starschnitt
Mario Basler

»Ich laufe in einer Stunde so viel wie andere Arbeitnehmer in acht.«

»Ich bin wieder derjenige,
der wo alles ausbaden muss.«

»Wir stecken mitten im ABSCHIEDSKAMPF.«

»Wir haben eine einzige Katastrophe geleistet.«

»Das Ventil des Balles muss immer oben liegen und die Markierung des Herstellers rechts – und dann haue ich drauf, fertig!«

(Auf die Frage, wie es ihm gelänge, sogar Eckstöße direkt zu verwandeln)

»Er muss eine Fernsteuerung dringehabt haben.«

(Mathias Schober nach einem Freistoßtor von Mario Basler)

»Der Basler, der ist eh doof.«

(Andreas Möller)

»Der ist noch nicht hier. Der Flug nach Kapstadt war ein Nichtraucherflug. Da konnte er nicht.«

(Berti Vogts über die verspätete Ankunft von Mario Basler in Südafrika)

Mario Basler und seine Frau Iris

»Jetzt kann der Mario Basler ja schön den 2. Platz feiern.«

(Torsten Frings nach dem Pokalfinale 1999, vor dem Mario Basler gesagt hatte, der 2. Platz sei doch auch was Schönes für Werder)

»Wir wissen alle, **dass Mario nicht gesagt hat, was er gesagt hat, was er gesagt haben soll, dass er es gesagt hat.«**

(Berti Vogts)

»Man sagt, er sei ein Spieler, der ständig Streit sucht. Aber er interessiert uns trotzdem. Uns ist ein streitlustiger Spieler lieber als eine Klosterschülerin, die den Rosenkranz betet.«

(Jésus Gil y Gil, Präsident von Atlético Madrid)

»Ich hätte mir gewünscht, dass Mario zum Ende seiner Karriere eingestanden hätte, dass es besser gewesen wäre, statt in zehn Minuten fünf Weizenbiere ex zu trinken oder eine Schachtel Marlboro zu rauchen, ab und zu einmal auf den Trainer zu hören.«

(Rudi Völler)

Antwort Mario Basler:

»Bisher habe ich nur zwei geschafft.«

»Wir sind insgesamt so gefestigt, dass jeder die Meinung des Trainers akzeptiert.«

(Dieter Eilts)

»Da muss in der Halbzeit einer gestrickt haben.«

(Der Vorstandsvorsitzende Jürgen L. Born auf die Anmerkung, dass entgegen der Ankündigung Meister-T-Shirts für die Mannschaft vorbereitet waren)

»Von 30 MIO. MARK FÜR EINKÄUFE in der Winterpause wie bei Bayer kann ich nur träumen. Und wenn, dann wache ich schweißgebadet auf.«

(Thomas Schaaf)

Torwart Günter Bernard erzählt im Rückblick der Saison 1964/65:

»Wenn mir jemand vor der Saison gesagt hätte, wir würden Meister werden, ich hätte ihn für verrückt erklärt!« Nur 29 Gegentore lässt die Mannschaft zu. Verzückt ergänzt der frühere Torwart Dragomir Ilic: **»Bei dieser Abwehr könnte ich auch noch mit 100 Jahren im Tor stehen.«**

»Für mich als Leistungssportler ist Rauchen eine Frage des Stils. Ich meine, ich rauche auch nach dem Essen eine Zigarette, aber so Leute wie der Mario Basler, die rauchen ja schon eine ganze Schachtel vor dem Essen.«

(Lothar Matthäus)

Frage an den Pferdeliebhaber Klaus Allofs: »Stimmt es, dass Ihr Sohn Pferdinand heißt, oder ist das ein Gerücht?« **Allofs:** »Wir haben lange mit dem Gedanken gespielt, uns dann aber doch für Niklas entschieden.«

Klaus Allofs mit seinen Pferden Trupper und Kaschin-Khan im Oktober 1984

Starschnitt
Uli Borowka

Der alte Haudegen Uli Borowka wird nicht umsonst als Meister des Dirty bzw. Trash Talks bezeichnet. Seine Gegenspieler begrüßte er bereits vor dem Spiel sehr handfest. Andreas Möller soll sich einmal bei Uli Borowka beim Gang aus den Katakomben des Weserstadions beschwert haben, dass der Weg hinaus zum Rasen so weit sei. Borowka lächelte Möller damals an und erwiderte: »Keine Sorge, Andy, zurück wirst du getragen!«

Auch der Schalker Olaf Thon erinnert sich genau an den alten Werder-Recken. Bei seinem allerersten Bundesligaspiel war Borowka sein Gegenspieler, und er empfing ihn mit den Worten:

»Ich brech' dir gleich beide Beine!«

Nur ein einziger Spieler konnte es mit Borowka aufnehmen, wie er selbst erzählt: »Beim Spiel in Leverkusen haut mich Ulf Kirsten in der ersten Minute mit Karacho über die Bande. Ich denk, was ist denn jetzt los, und sag zu Ulf: ›Sag mal, spinnst du? Ich habe doch noch überhaupt nix gemacht?!‹ **Da schaut der Ulf mich lächelnd an und meint:** ›Das ist noch fürs letzte Mal, Uli!**«**

Uli Borowka 1991 nach dem Sieg im DFB-Pokal-Finale gegen den 1. FC Köln

Starschnitt

Thorsten Legat

»Außerdem plane ich eine Autobiografie, das wird ein Bestseller. **Wenn Effenberg das macht, kann ich das schon lange machen.** Da kommt die Wahrheit bei einigen Leuten ans Tageslicht – ich habe nichts mehr zu verlieren.«

»Nur die **Harten** kommen durch.«

(Zu Journalisten, als er, mit sieben Stichen genäht, frisch aus dem Krankenhaus kam)

»Verstärken können die sich, aber nicht auf der rechten Seite. Da bin ich. **Ich komme selber aussem Pott. Mein Vater war auf der Hütte. Wenn ich wieder fit bin, zeig ich denen, wat malochen heißt.«**

»Ich hätte auch woanders ins Ausland gehen können.«
(Gibt seinen Wechsel nach Frankfurt bekannt)

»Die hab ich noch nicht probiert, aber im Allgemeinen mag ich Geflügel.«
(Als Spieler des VfB Stuttgartauf die Frage, wie er denn Spätzle fände)

»Jede Seite hat zwei Medaillen.«

(Mario Basler)

Otto Rehhagel schreibt für die »SportBild« und plaudert exklusiv aus dem Nähkästchen: »In Bremen habe ich mir im Laufe der letzten Jahre meine Machtposition erarbeitet. Hier quatscht mir niemand rein, und keiner kann sich hinter meinem Rücken bei irgendeinem ausheulen. Nach schlechten Spielen werde ich schon mal sehr laut und schreie was heraus. Am nächsten Tag frage ich dann meinen Assistenten Kalli Kamp: ›War ich wieder so laut? Was habe ich Samstag nach dem Spiel gesagt?‹ Kalli antwortet dann: ›Trainer, Sie haben nach dem Schlusspfiff zwei Spieler entlassen.‹ Ich antworte: ›Sag den Jungs, sie sind wieder eingestellt!‹«

»Letzte Woche mal eine Minute mehr, heute mal früher Schluss gemacht. **Alle wollen flexible Arbeitszeiten. In der Bundesliga haben wir sie.**«

(Klaus Allofs)

»Wenn ich heute fünf Talente einbaue und mehrere Spiele hintereinander verliere, dann lassen die Leute an den Blumen, die sie mir zuwerfen, plötzlich die Töpfe dran.«

(Otto Rehhagel)

sportmagazin
kicker
DEUTSCHLANDS GRÖSSTE SPORTZEITUNG
Tragik um Eintracht Frankfurts Supertalent
Falkenmayer kämpft um seine Karriere
Otto Baric räumt in Stuttgart auf:
Ich dulde keine Schlamperei
HSV-Trainer Happel setzt Wuttke und Kaltz auf die Reservebank
Keine Schonzeit für die Stars!
Werder-Torjäger Völler verspricht den Fans:
Diesmal laufen die Bayern uns nicht davon!

»Die hat doch der WILLI LEMKE geschrieben.«

(Rudi Völler auf die Frage, wie ihm denn die Rede von Bundeskanzler Schröder anlässlich der 100-Jahr-Feier des SV Werder Bremen gefallen habe)

Mario Basler nimmt die Wasserbomben, die sie auf ihn in München schmeißen, gelassen hin: **»Solange die Leute nicht mit Leuchtraketen auf mich schießen oder mit Flaschen schmeißen, ist es mir egal.«** Und zu den Schmähungen, die er sich 90 Minuten anhören darf, sagt er ebenso ungerührt: **»Die Leute zahlen Eintritt, da dürfen sie alles sagen.«**

Die Tragik des verschossenen Elfers

Saison 1985/86: Am Ende werden die Bayern wieder Meister. Und das liegt vor allem an der Schwäche der Bremer, denen zum Schluss der Saison einfach die Nerven versagen. Michael Kutzop: **»Noch drei Spiele, noch zwei Spiele, noch zwei Punkte – wir haben fast immer daran gedacht. Zu Manni Burgsmüller habe ich schon gesagt: Wenn ich das Ding, diese HÄSSLICHE SALATSCHÜSSEL, endlich in den Händen halte, dann beiß ich einen Brilli raus.«** Kutzop ist es auch, der zum großen Unglücksraben der Spielzeit wird. Am 33. Spieltag empfängt Werder Bremen den FC Bayern München. Eine Minute vor Schluss pfeift Schiri Volker Roth Elfmeter für Werder. Antreten wird Michael Kutzop, der bereits 1982 als Spieler von Kickers Offenbach sagte: **»Ich habe in dieser Saison viel an Selbstsicherheit hinzugewonnen. Das ist die wichtigste Voraussetzung, wenn man ein erfolgreicher Elfmeterschütze sein will.«** Und er ist ein guter Schütze. Doch in diesem Moment soll es einfach nicht sein. Die Partie endet nach Kutzops Fehlschuss mit 0:0. Dennoch hat Bremen mit zwei Punkten Vorsprung auf die Bayern in der letzten Begegnung in Stuttgart alles selbst in der Hand.

»Ich bin ganz frei zum Schuss gekommen …«, und trotzdem traf Michael Kutzop hier nur den Pfosten.

Doch auch hier versagen die Nerven. Während die Bayern Gladbach mit 6:0 aus dem Stadion schießen, liegt Werder schnell mit 0:2 zurück. Nur kurz keimt Hoffnung bei den Bremern auf, als Burgsmüller den Anschlusstreffer erzielt. Der zweifache Stuttgarter Torschütze Karl Allgöwer erinnert sich: **»Als der Schiedsrichter zeigt, dass er zwei Minuten nachspielen lässt, sind sie hinter uns hergelaufen und haben gebettelt: LASST UNS DOCH EIN TOR SCHIESSEN, IHR VERLIERT DOCH NICHTS DABEI.«** Die Partie endet 2:1, und Bayern München ist erneut Deutscher Meister. Schon drei Spieltage vor Schluss hatte Otto Rehhagel gesagt: **»Nach dieser Saison bin ich reif für die SCHWARZWALDKLINIK!«** Nun lässt er sich erst recht einweisen. Andere Werder-Offizielle versuchen die Angelegenheit mit Humor zu nehmen: **»Jetzt steuern wir den Hattrick an. Die dritte Vizemeisterschaft hintereinander.«**

»Das ist der Mann, der mir die Schale weggeschossen hat!«

(Rudi Völler über seinen ehemaligen Mitspieler Michael Kutzop)

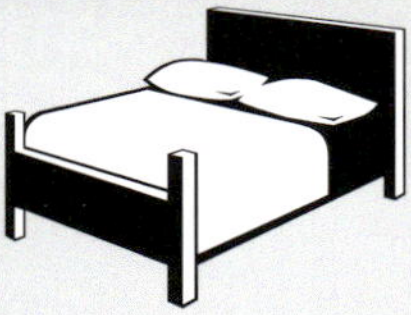

»Es kann nicht jeder mit jedem ins Bett gehen. Aber wir verstehen uns ganz gut.«

(Mario Basler über das Verhältnis unter den Kollegen)

Für den Ex-Werder-Profi Carlos Alberto kann man nur hoffen, dass er wenigstens beim FC Sao Paulo ein wenig vernünftiger wurde und endlich etwas gegen seine schweren »Schlafstörungen« unternahm. Sein alter Mitspieler Naldo hat zu Bremer Zeiten wohl ernsthaft versucht, ihm ins Gewissen zu reden: **»Carlos sollte nicht so viel feiern. Vier Stunden Schlaf sind zu wenig.«** Eine Auffassung, die man durchaus teilen kann. Doch der bumsfidele Alberto hat diesen Spruch seines Nationalmannschaftskollegen nachmittags um drei bei einer After-Work-Sause in einer Caipirinha-Bar im Zentrum von Sao Paulo gar nicht gerne gehört. Den brasilianischen Journalisten diktierte er ziemlich pikiert und postwendend in die Notizblöcke eine kleine Drohung in Richtung seiner gesitteten Bremer Nachbarn: **»Im Sommer komme ich zurück. Mit Musikern. Und dann mache ich im Garten eine große Spießbraten-Party.«**

»Die von der südlichen Halbkugel, also die mit dem braunhäutigen Blut ...«

(Otto Rehhagel über schwarze Fußballer)

»Schach ist für mich neben Fußball der schönste Sport, weil es aufgrund der Figuren auch ein Mannschaftssport ist.«

(Felix Magath)

»Ja, was soll ich über Marko sagen? Der hat ja nur Stroh im Kopf.«

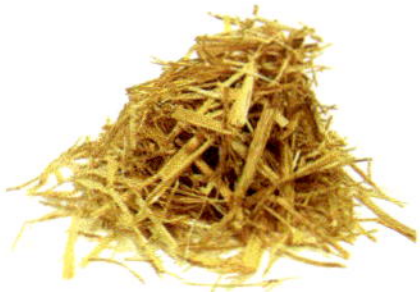

(Paul Scharner, österreichischer Nationalspieler, über Marko Arnautovic)

»Charaktere werden weniger im Profifußball. Wer am meisten verdient, ist mitunter nur eine Gehaltsstufe höher ARSCHGEKROCHEN.«

(Uwe Reinders)

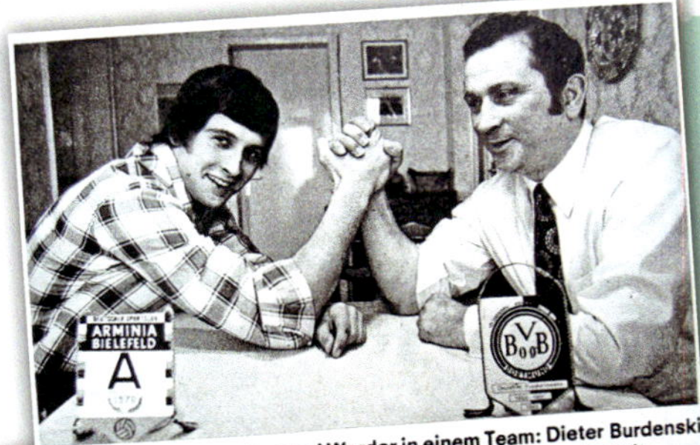

Zuerst Konkurrenten, dann bei Werder in einem Team: Dieter Burdenski und sein Vater Herbert, der 1975 als Trainer bei Bremen anheuerte.

DIETER BURDENSKI: BREMENS DAUERBRENNER

Lieber die Eins als eine Null

In Bremen sitzt der Vater des Torhüters Dieter auf der Bank. Doch Herbert Burdenski ist sich sicher, dass das keine Probleme bereitet: »Mein Sohn wird mit Sicherheit keine Vorteile gegenüber den anderen Spielern haben. Erstens sprüht er selbst vor Ehrgeiz, so dass ich ihn nicht erst wecken muss, und zweitens hat so ein guter Torwart wie der Dieter auch keine Verwandtschaftshilfe nötig.«

»Werder Bremens ›farbige‹ Tore!«

(Der »kicker« nach einem 2:0-Sieg von Werder Bremen über Borussia Dortmund mit Treffern von Kostedde und Gruber)

»So schnell, wie ich heute gelaufen bin, konnte mich keine Kamera einfangen.«

(Mario Basler)

»Eines Tages dachte ich, als Christ mit dem Fußballspielen aufhören zu müssen. Da zeigte mir ein Freund den Vers in der Bibel, der da lautet: **›Jeder soll die Lebensverhältnisse akzeptieren, in denen er sich befand, als er zum Glauben gerufen wurde, und soll seinen Platz so ausfüllen, wie es Gott gefällt.‹** (1.Korinther 7,24)«

(Wynton Rufer)

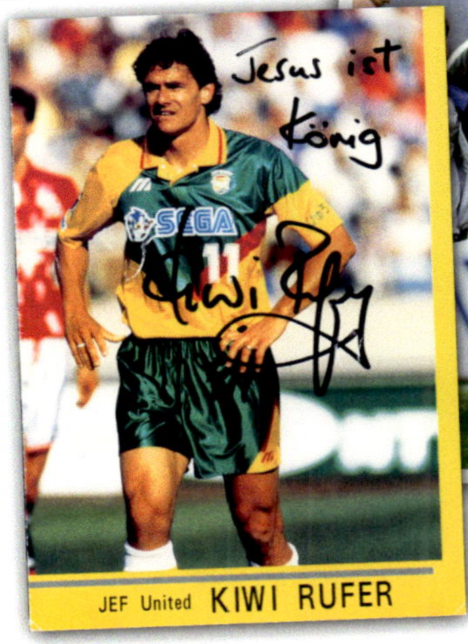

Wynton »Kiwi« Rufer im Trikot des japanischen Klubs JEF United Ichihara Chiba.

»Das beste Trainingslager ist eine Frau – **die eigene natürlich**.«

(Willi Lemke)

»Ich habe meinen Jungs gesagt: Wenn euch nachts Thierry Henry im Traum erscheint, habt nicht zu viel Angst.«

(Otto Rehhagel)

»**Fußball** ist ein sehr KOMPLIZIERTES SPIEL. Man muss es einfach spielen, dann ist man erfolgreich!«

(Felix Magath)

Starschnitt
Thomas Schaaf

»Dass mein Haar gut liegt, denn ich trage es schließlich offen.«

(Antwort auf die Frage, was ihm denn besonders wichtig sei)

»Ich hätte mir die WENIGEN HAARE auf meinem Kopf AUSREISSEN KÖNNEN.«

(Nach dem Auslassen zahlreicher Torchancen seiner Mannschaft)

»Wenn man so will, habe ich in Bremen **13 Jahre lang einen Trainer gesucht – und immer wieder denselben gefunden.**«

(Klaus Allofs über Thomas Schaaf)

»Da müssen wir uns um 1.000 Grad drehen.«

(Über die Chancen Werders, den UEFA-Cup noch zu erreichen)

»Dass ich den Richtigen eingewechselt habe, haben ja alle mitgekriegt.«

(Zur Einwechslung von Miroslav Klose, der in der 2. Halbzeit Werder mit drei Toren und einer Vorlage zum 4:1-Sieg in Bochum schoss)

»›Ich glaube, ich habe keinen erkennbaren Sprachfehler.‹«

(Thomas Schaaf, nachdem Medienvertreter wiederholt fragten, ob er seinen bis Ende kommender Saison laufenden Vertrag mit Werder erfüllen wird)

»Wir haben zumindest die Zweikämpfe nicht verloren. **Aber nur, weil wir nicht in sie hineingekommen sind.«**

»Hier gab es heute **Licht** und **Schatten**.«

*(**Zur Strompanne** beim Spiel gegen Schalke 04, das wegen Flutlichtausfalls mit über einer Stunde Verspätung begann)*

»Prinzipiell ist es egal, ob es der Posemuckelpokal ist oder die Champions League: Wir wollen uns überall beweisen und überall bestehen.«

(Über Bremens Ambitionen in der europäischen Königsklasse)

»Ich hätte ihn von der ersten Minute an **vollgetextet** und so in seiner Konzentration versucht zu stören.«

(Auf die Frage, wie er als gelernter Verteidiger früher gegen einen Spieler wie Ailton agiert hätte)

Thomas Schaaf nach dem Sieg im Europapokal der Pokalsieger 1992

»Eigentlich bin ich ein **SUPERTYP**. Aber ich kann wohl auch ein **richtiger Arsch** sein!«

(Mario Basler)

Rehhagel trägt Otto auf dem Rücken vom Feld.

Die Bremer stellen sich nach Meinung der Bayern aber auch wirklich zu dumm an. Beim 2:1-Sieg des FC Bayern über Werder muss Kalle Riedle nach einem Laufduell mit Hansi Pflügler ausgewechselt werden. Otto Rehhagel ist sauer: **»Im vergangenen Jahr hat der Pflügler dem Ordenewitz die Nase zertrümmert, diesmal dem Riedle das Jochbein.«** Der Bayern-Spieler weiß allerdings gar nicht, was die ganze Aufregung überhaupt soll: **»Der Riedle ist mir genau in den Arm gelaufen.«**

»Hannibal hat auch nicht gesagt, dass er mit Elefanten über die Alpen kommt.«

(Otto Rehhagel erklärt, warum er vor dem Spiel weder seine Aufstellung noch die Taktik verraten möchte.)

»Wenn er sein Potenzial original nur beim Einkaufen abruft, **ist das zu wenig.**«

(Didi Kühbauer über Marko Arnautovic)

In Bremen ist die Welt noch in Ordnung. Vor einer Live-Sendung des ZDF aus dem Weserstadion spricht Manager Willi Lemke einige klare Worte mit dem Publikum:

»Keine Pfiffe, keine Buhrufe, wenn Töppi das erste Tor als abseitsverdächtig und den Elfmeter als zweifelhaft bezeichnet. Wir sind hier nicht bei den Hottentotten und auch nicht in München!«

»Ich habe 14 Jahre Weiberfastnacht allein im Büro gearbeitet. **ICH BIN KEIN KARNEVALIST.**«

(Thomas Eichin war am Karnevalswochenende besonders froh, in Bremen zu sein. Zuvor war er bei den Kölner Haien.)

»**Er sieht ja richtig alt aus**. Der braucht fast schon einen Co-Trainer, der ihm die Tränensäcke trägt.«

(Mario Basler über Thomas Schaaf)

Starschnitt
Otto Rehhagel

»Ich habe etwas bei Rilke gelesen, da denke ich an meine Spieler: *›Die so dich finden, binden dich an Bild und Gebärde. Ich aber will dich begreifen, wie dich Erde begreift; mit meinem Reifen reift dein Reich.‹* **Das gibt mir Motivation.«**

»Ich trainiere immer so, dass ich selbst nicht weiß, wer samstags spielt.«
(Otto Rehhagel)

Otto Rehhagel hat einen neuen Spleen. Bei einer Niederlage in Köln schleudert er bei jeder vergebenen Torchance seinen Klappstuhl wie ein Derwisch über die Tartanbahn. Was komisch aussieht, ist von Anfang bis Ende durchdacht. Rehhagel: **»Wir brauchen in der Bundesliga doch jeden Zuschauer, da muss ich den Leuten schon was bieten, oder?«** Eine Woche später beißt der Werder-Trainer übrigens in einen nagelneuen Lederball. Danach wird es aber langsam wieder etwas ruhiger um den Showman Rehhagel!

»Gehen Sie erst mal auf die Knie, bevor Sie mir eine Frage stellen.«

(Zu einem Journalisten)

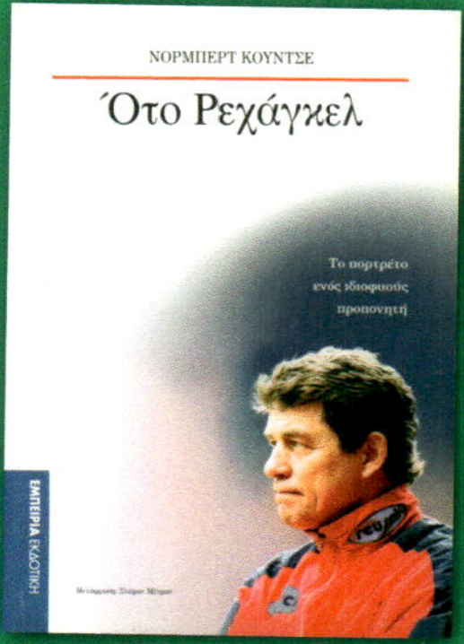

»Ich rede viel und sage wenig.«

»Rehhagel – der Erste, der sich eine Zerrung in der Zunge zuzieht.«

(»Welt am Sonntag«)

»Otto Wehklagel ist mal wieder auf dem Leberwurst-Level – keiner kann so toll beleidigt sein wie er.«

(»Welt am Sonntag«)

»Früher hatte er Mühe, Omelett von Hamlet zu unterscheiden.«

(Max Merkel)

»Er ein Anstreicher aus Essen, ich ein Bäcker aus Gelsenkirchen – da kann es doch eigentlich keine Probleme geben.«

(Ulli Potofski)

»Ich denke jetzt zehnmal nach, bevor ich einmal rede. Früher habe ich einmal nachgedacht und zehnmal geredet. Das war eben neunmal zu viel.«

(Marko Arnautovic)

Hannovers Trainer Werner Biskup ist eigentlich nicht groß als Stimmungskanone bekannt. Nach der 2:8-Niederlage seiner Mannschaft bei Werder Bremen haut er aber dennoch mal einen raus: **»Als das 6:2 fiel, war für mich klar, dass das Spiel gelaufen ist. In Bremen gewinnt man nicht 7:6.«**

Trotz der unbefriedigenden Zeit bei Werder bereut der erste Afrikaner in der Bundesliga, Ibrahim Sunday, das Abenteuer nicht: »Wenn ich nach Hause komme, verstehe ich wenigstens etwas vom besten Fußball der Welt und kann es meinen Landsleuten vermitteln.«

»Ich rate jedem Spieler, mehr Karten zu spielen. Das fordert das strategische Denken und wirkt sich positiv auf die Kreativität auf dem Platz aus.« *(Felix Magath)*

»Die Zuschauer haben Eintrittsgeld bezahlt, sie dürfen schreien, was sie wollen. Ob sie uns damit helfen, ist eine ganz andere Sache.«

(Oliver Reck)

Starschnitt Papierkugel

Auch Sat.1-Experte Mirko Slomka ist fassungslos: **»Solch eine Verkettung unglücklicher Umstände habe ich noch nie erlebt. Das ist die Szene des Jahres, wenn man so ein Tor kassiert. Ganz bitter!«**

HSV-Keeper Frank Rost versucht die Sache mit Humor zu nehmen: **»So ist das eben in solchen Spielen. Die Kleinigkeiten entscheiden.«**

Das »Papierkugel unser«

Papierkugel unser auf dem Rasen. Geheiligt werde deine Existenz. Deine Ehrung komme. Dein Wille geschehe. Wie im Weserstadion, so auch auf Platz 11. Unseren Sieg gib uns heute. Und vergib uns manche Sauferei. Wie auch wir bedanken uns bei deinem Werfer. Und führe uns nicht in Versuchung. Sondern erlöse uns vom HSV. Denn dein sei der Sieg und die Fans und der SV Werder. In Ewigkeit.

Forza Brema.

Starschnitt

Wynton Rufer

Bremen freut sich über einen exotischen Neuzugang. Über den Umweg Schweiz kommt Wynton Rufer aus Neuseeland zu Werder

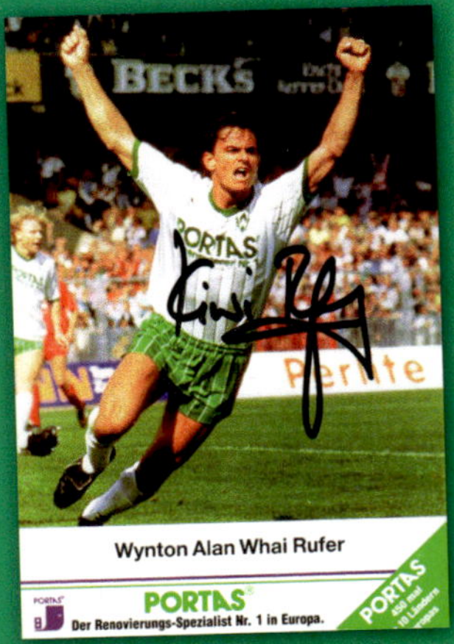

und wird deshalb bald nur noch »Kiwi« gerufen. Als er sich im Sommer aus der Schweiz verabschiedet, reist er nur mit einigen Koffern voller privater Gegenstände nach Bremen. Seine Möbel hat er verschenkt – an Passanten vor seiner Haustür. Rufer: **»Ich bin bei der Heilsarmee. Meine Auffassung ist, dass ich durch den Fußball gutes Geld verdiene. Warum soll ich nicht denjenigen etwas davon zukommen lassen, die nicht so reich sind?«**

In seinen wilden Jahren vor Werder bittet Wynton Rufer seinen Trainer schon einmal, das Training am Donnerstagmorgen nach Europapokalspielen ausfallen zu lassen: »Ich muss abends immer so lange fernsehen, da kann ich am anderen Morgen nicht trainieren.«

»Der hat geschrieben, dass er Meier heißen wolle, wenn Wynton Rufer ein Star wird. Nun heißt er eben Meier.«

(Otto Rehhagel über Max Merkel)

»Ich würde es nicht unbedingt Arbeit nennen. Sie will versuchen, ein Baby zu bekommen.«

(Wynton Rufer auf die Frage, ob seine Frau in Japan auch arbeiten gehen wird)

»Wenn es geregnet hat, sind wir schon mal frühstücken gegangen statt auf den Trainingsplatz. Und es hat oft geregnet in Bremen.«

(Rudi Völler über seinen Ex-Trainer Otto Rehhagel, dessen Trainingsmethodik er sehr schätzt)

Die Auswärtspartie der Schalker am 24. Spieltag in der Saison 1963/64 in Bremen steht unter keinem guten Stern. Nach der unbefriedigenden 1:0-Niederlage müssen die Knappen eine halbe Stunde vor ihrer eigenen Kabinentür warten – das Schloss klemmt. Erst das beherzte Eingreifen des Werder-Trainers Willi Multhaup, der höchstpersönlich den Hausmeister herbeiholt und auch beim anschließenden Öffnen der Tür tatkräftig hilft, rettet die Situation.

»Nicht überall, wo Tellerwäscher Präsidenten werden können, ist Amerika. Manchmal ist da nur Bundesliga.«

(Willi Lemke)

»He, Brand, du – du bist doch politisch, bist du doch, du Grüner, machst auf sozial und hetzt hier den Schiri gegen uns auf.«

(Lothar Matthäus zu Christian Brand)

Am 14. August 1981 geht ein Bild um die Welt. EWALD LIENEN liegt am Boden und schaut völlig fassungslos auf seinen aufgeschlitzten Oberschenkel. »Du bist daran schuld, du kriegst von mir eine Anzeige!«, **schreit Lienen noch von der Trage Rehhagel zu. Der Werder-Trainer, so der Bielefelder, soll seinen Spieler Norbert Siegmann dazu aufgefordert haben,** »härter draufzugehen«. **Beim Rückspiel auf der Alm wird Rehhagel mit einer kugelsicheren Weste ausgestattet und von Bodyguards aufs Feld begleitet:** »So wahr ich lebe, wenn ich den Siegmann im Stadion erwische, schlage ich ihn tot«, **hatte zuvor ein Mann auf der Bielefelder Geschäftsstelle gesagt und ein anderer bei der Zeitung** »Neue Westfälische« **in der Lokalredaktion angerufen und in den Hörer geschrien:** »Um 16 Uhr wird Rehhagel erschossen!« **Betont zurückhaltend reagieren die Bremer. Vor dem Spiel gegen die Arminia ermahnt der Werder-Coach seine Mannschaft, in jeder Situation Ruhe zu bewahren:** »Entschuldigt euch bei euren Gegenspielern, selbst wenn ihr denen mal unabsichtlich auf die Füße tretet.«

Starschnitt
Otto Rehhagel

»Ich bin mit Fußball geboren, und ich will mit Fußball sterben.«

»Ich biete mich nirgendwo an – außer bei meiner Frau.«

(Auf Fragen von Journalisten, ob er sich für Trainerjobs ins Gespräch bringe)

»Der beste Fußball wird da gespielt, wo das meiste Geld ist.«

So schnell ändern sich Meinungen:

»Geld, Geld, Geld?
Geld schießt keine Tore!
Fußball ist so einfach geblieben, wie er immer war: Es spielen elf gegen elf auf sechzig mal hundert Metern.«

September 1981: Otto Rehhagel wechselt Thomas Schaaf ein.

»Wenn mein Vater da gewesen wäre, hätte sich mein Leben vollkommen anders entwickelt. Viel zielgerichteter. Dann wäre meine Mutter zu Hause gewesen. **Ich hätte vernünftig für die Schule gearbeitet, einen normalen Beruf erlernt und wäre nicht in den Fußball abgedriftet.«**

(Felix Magath)

»Stinkefinger **und** Schwalbenkönige **sollten nicht die Vorbilder für unsere Jugend sein.«**

(Willi Lemke über Stefan Effenberg und Andreas Möller)

»**Stellt euch vor,** die wollten mir einfach ein Bein adoptieren.«

(Fritz Langner)

Nicht, dass er weg will, aber KÖNIG OTTO macht schon einmal klar, dass das Leben als Meister ein anderes ist: »Ich bin kein Vorturner mehr. Wenn ich zu einem anderen Bundesligisten ginge, dann würde ich denen sagen: Passen Sie mal auf, meine Herren. Ich verstehe viel mehr vom Fußball als Sie. Ich habe hier fünf Sterne, Sie nur zwei!«

»Ich war schon als KLEINER JUNGE immer groß.«

(Oliver Reck)

»Irgendwie ist Rudi ein Unglücksmensch. Seine Achillesferse reicht sogar bis hoch zum Ellenbogen.«

(Andreas Brehme über Völlers Verletzungspech)

»Früher war mein Vorbild **Pelé**. Heute ist es **Jesus**.«

(Wynton Rufer)

»Es wird nicht ganz zur Routine, weil ich ja **mittlerweile auch die Mütter gewechselt habe**!«

(Felix Magath auf die Frage, ob Geburten ab dem fünften Kind schon zur Routine werden)

»Ich habe immer gesagt, dass ich kein Dauerläufer bin, sonst könnte ich ja gleich beim Marathon starten.«

(Mario Basler)

»In der Nacht vor dem Spiel träume ich bestimmt nicht von **Claudia Schiffer** oder **Linda Evangelista**. Da sehe ich eher **Jens Nowotny** oder **Marko Rehmer** vor mir.«

(Rudi Völler)

»Wir haben **keine Chance**, aber wir werden sie nutzen.«

(Michael Schulz vor einem Europapokalspiel)

Legat: »Nach der Deutschen Meisterschaft 1993 mit Werder – das war das Größte für mich – ging schon die Post ab. Da war ich wie ein Wildpferd, da hat mich anderthalb Tage niemand halten können.« **Frage:** »Wer war an Ihrer Seite?« **Legat:** »Ich kann keine Namen nennen. Aber die Leute, mit denen ich unterwegs war, die waren Hardcore pur.«

»Ich bleibe Optimist. **Ich hänge mich wirklich erst auf, wenn alle Stricke reißen.«**

(Otto Rehhagel)

»Ich gönne es allen, ohne Wenn und Aber, von Thomas Schaaf bis Klaus Allofs – nur Willi Lemke nicht.«

(Herthas Manager Dieter Hoeneß gratuliert Werder Bremen zum Meistertitel.)

Werder Bremen möchte unbedingt den 21-jährigen **Dieter Zembski** verpflichten, doch der junge Mann ziert sich. Von Beruf Schriftsetzer bei einem Berliner Verlag, ist seine große Leidenschaft neben dem Fußball die Musik – Zembski ist Schlagzeuger in einer Band namens »Mushroams«. Während Vereinsarzt Dr. Böhmert Verständnis für die langen Haare Zembskis (»Der Junge sieht mit seiner Frisur wirklich gut aus«) und sein Hobby zeigt, versteht Trainer Fritz Langner die Welt nicht mehr: »Bei uns kann der Geld verdienen wie nie zuvor, und da will er weiter klimpern. Das gibt's doch nicht!« Letztendlich gelingt es Werders findigem Geschäftsführer Hans Wolff, Zembski zu verpflichten, doch auch er weiß, dass dies für den jungen Mann einen harten Einschnitt in seinem Leben bedeutet: »Als Schriftsetzer und Musiker war er schon Geselle – bei uns ist er wieder Lehrling. Damit muss er sich abfinden.« Und noch mit etwas anderem. Auch die Haare müssen ab. Da kennt Trainer Fritz Langner bei aller Liebe kein Pardon: »Beatles spielen bei mir nicht!«

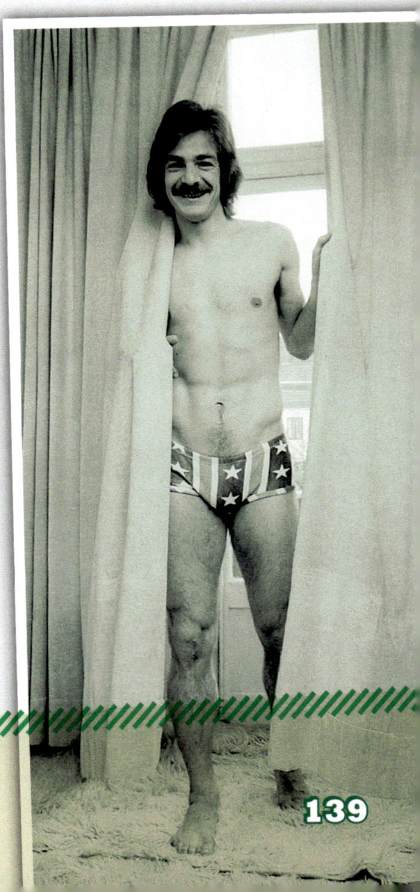

Dieter Zembski (1974)

»Und wir bleiben unzufrieden hier.«

(Felix Magath zu Thomas Schaafs Statement: ***»Wir fahren zufrieden nach Hause«*** *nach einem Bremer Sieg in Stuttgart)*

»Ich habe als Junge des Ruhrgebiets den Satz in Erinnerung:
›Erst mit 65 hast du die Rente durch.‹«

(Otto Rehhagel auf die Frage, warum er mit 63 die Stelle als griechischer Nationaltrainer angenommen habe)

Auch ein alter  wie Werder-Manager Willi Lemke erlebt in seinem Job noch Neues und Unvorhergesehenes. Als die Bremer mit ihrem Mannschaftsbus am Millerntor zu einer Partie gegen den FC St. Pauli ankommen, sitzen direkt am Zaun vor den Kabinen zwei junge Männer und rauchen einen Joint. Etwas verdutzt schauen die Werder-Profis zu den beiden Jungs hinüber. Vielleicht eine Sekunde zu lange, wie Lemke erzählt, denn dann passiert das Unerwartete: **»Die haben uns doch tatsächlich was angeboten!«**

Es ist sicherlich das ungewöhnlichste Eigentor eines Torhüters in der Bundesligageschichte und es fällt im Weserstadion. Als Frankfurts Jürgen Pahl am 16. Spieltag der Saison 1982/83 in Bremen den Ball abwerfen will, sieht er im letzten Moment, dass sein Adressat Ralf Falkenmayer gar nicht mehr zu ihm zurückschaut, sondern nur nach vorne. Doch der Keeper kann den abgebremsten Schwung nicht richtig kontrollieren. Pahl driftet mit dem ganzen Körper Richtung Boden ab, und die Kugel kullert aus seiner Hand – ins Tor hinein. Die Spieler von Werder Bremen jubeln verhalten, aber mit einem Lächeln auf dem Gesicht, und im Kasten steht ein verzweifelter Eintracht-Torwart. Bereits nach drei Spielminuten ist die Partie vorentschieden. Am Ende gewinnt Werder mit 3:0. Pahl hat sich zur Halbzeit auswechseln lassen. Trotzdem versucht er sich die spektakuläre Aktion im Nachhinein mit einem lockeren Spruch schönzureden:

»Solche Eier passieren nur **GROSSEN** Torhütern.«

Dass Mannschaftsführer-Wahlen auch eher lustig sein können, beweisen die Bremer. Weil dort seit Jahren Mirko Votava ohne Probleme immer wieder aufs Neue gewählt wird, hat sich Werders Neuseeländer Wynton Rufer für die Presse eine etwas andere Geschichte über die Spielführer-Wahl ausgedacht. **Es sei zu einer »KAMPFABSTIMMUNG« gekommen, hitzigen Auseinandersetzungen zwischen den Kontrahenten, und am Ende habe sich Dieter Eilts, so erzählt Rufer, tatsächlich knapp gegenüber dem langjährigen Kapitän Votava durchgesetzt.** Die Meldung, die eigentlich eine Zeitungsente ist, steht genau so am nächsten Tag im »Weser-Kurier« – und sorgt bei den Werder-Stars für Lachkrämpfe!

»Wenn es den Menschen gut geht, machen sie alles nur noch mit Routine.«

(Otto Rehhagel)

»Mit **elf Votavas** verlierst du kein Spiel!«

(Mirko Votava)

»Wenn sie mal einen über den Durst trinken wollen, empfehle ich, das nicht unbedingt nach dem Spiel zu machen. An diesem Tag ist der Körper ohnehin schon geschwächt.«
(Felix Magath)

Trotz einer 0:2-Niederlage seiner Bremer ist Mario Basler klasse drauf. Der Profi hatte vwegen einer verspäteten Landung seines Fliegers das Abschlusstraining verpasst und war daraufhin von Trainer Aad de Mos suspendiert worden. Ein klassisches Eigentor des umstrittenen Coachs. Schon zur Halbzeit albert Basler mit einem Bremer VIP-Fan herum. Eckhard ist Großhändler im Bereich Auslegeware und wird von allen nur Ecki gerufen, so auch von Basler. Der sitzt auf der Tribüne, stupst seinen Sitznachbarn an und zeigt mit dem rechten Zeigefinger Richtung Rasen: **»Ecki, leg da unten mal Teppichboden, damit die besser Fußball spielen!«**

»**Che Guevara war ein Rebell,** ein Kämpfer für sein Land. Das will ich auch sein. Ich will den Schwachen helfen. Das ist im Fußball genauso, da muss man den schwachen Gegner auch aufbauen. Das ist so eine eigene Logik von mir, dazu will ich gar nicht viel sagen.«

(Thorsten Legat zu seiner Che-Guevara-Tätowierung)

»Ahli«

Es ist die berühmteste Schiedsrichter-Anekdote der Bundesligageschichte, und sie ereignete sich im Bremer Weserstadion. **Am 8. November 1975 soll Schiri Wolf-Dieter Ahlenfelder aus Oberhausen zusammen mit seinen beiden Linienrichtern die Partie des SV Werder gegen Hannover 96 (0:0) pfeifen.** Doch zuvor sitzen die drei Offiziellen zusammen in der Werder-Vereinsgaststätte und essen zu Mittag. Ob es Kohl und Pinkel gab, wie Horst-Dieter Höttges vermutet, oder der Jahreszeit entsprechend eine Gans mit Rotkohl und Klößen aufgetischt wurde, egal, die drei speisen auf jeden Fall genüsslich, klönen ein bisschen und vergessen darüber die Zeit. Als um 14:30 Uhr Werders Schiedsrichterbetreuer Richard Ackerschott an ihren Tisch kommt und fragt, wann die Männer in Schwarz sich denn warmmachen wollen, packen sie sich an ihre prall gefüllten Bäuche. So wird das heute nichts, denken sie und wollen den Magen erst einmal mit ein oder zwei schnellen Bieren durchspülen. Das klappt gut. Die Gans beginnt zu schwimmen. Doch mittlerweile ist es schon 14:45 Uhr, und noch wollen das gebratene Federvieh, der Rotkohl und die Klöße nicht richtig absacken. **Man entschließt sich, das widerborstige Essen nun härter zu bekämpfen, und bestellt neben einer neuen Runde Pils auch einen Malteser.** Und weil das so gut funktioniert, wiederholen die drei fröhlichen Männer den Spaß noch ein-, zweimal und gehen dann runter zum Umziehen – schließlich steht eine Bundesligapartie auf dem Programm.

Schiedsrichter

Ja, ich hatte getrunken

Wolf-Dieter Ahlenfelder: „Wir sind doch Männer ...

Präsident Franz Böhmert erinnert sich: **»Ich kam damals in die Schiedsrichterkabine, die war maximal 10 m² groß, und es schlug mir schon eine Dunstglocke entgegen. Ich musste einen Bericht für den DFB anfertigen und habe dann erklärt, dass der Schiedsrichter sehr erkältet gewesen sei und unser Vereinsarzt ihm deshalb einen Hustensaft gegeben hat, und da war ein bisschen Alkohol drin. Deswegen die Fahne!«**

Und auch Horst-Dieter Höttges weiß noch alles von diesem legendären Tag: **»Ahli kommt vorher bei uns in die Kabine, mit nacktem Oberkörper. Unser Masseur hatte damals Geburtstag. Dem hat er gratuliert, und da habe ich gemerkt, dass ein bisschen Alkohol im Spiel war. Da habe ich ihn genommen, bei uns unter die Dusche, und habe ihn mit Wick eingerieben, den ganzen Körper. Dann haben wir ihn wieder rausgelassen, und da roch der ja nach Wick.«** Auch Richard Ackerschott versucht noch zu retten, was nicht mehr zu retten ist, und besorgt eine Flasche Mundwasser. Die folgenden Geschehnisse schildert Schiedsrichter Ahlenfelder so: **»Nach dreißig Minuten habe ich zur Halbzeit abgepfiffen. Nicht fragen, weshalb, wieso, warum. Da hatten wir wohl einen zu viel getrunken, ich weiß es auch nicht. Ja, das ist Ahlenfelder.«** Genauso ist es. Und auch heute erinnert man sich in Bremen gerne an dieses Spiel zurück, wie Ahli weiß: **»Wenn man in Bremen einen Ahlenfelder bestellt, bekommt man ein Malteser-Bier-Gedeck.**

Da bin ich stolz drauf.«

31. August 1985: Schiedsrichter Ahlenfelder (2.v.r.) pfeift eine Begegnung zwischen Werder und dem HSV. Links neben »Ahli« sein Assistent Puchalski, die Mannschaftskapitäne Völler und Jakobs geben sich die Hand.

Der österreichische Nationalspieler Marko Arnautovic schafft es im Handstreich, den wichtigsten Mann bei Werder Bremen nachhaltig gegen sich aufzubringen. Und das kam so: Nach dem ersten Training begibt sich Arnautovic schnurstracks zum Stammplatz von Torsten Frings in der Kabine und lässt sich dort nieder. Einige Mitspieler sollen nicht nur aus Furcht vor einer üblen Auseinandersetzung die Hände über dem Kopf zusammengeschlagen haben. Doch als der langjährige Kapitän kommt und sieht, was passiert ist,

Keine Chance

14. April 2010 15:34

Arnautovic verlässt Inter Mailand

ÖFB-Jungstar will sein Glück nun in Deutschland oder England versuchen.

glaubt er an einen simplen Irrtum und bittet den Nachwuchsprofi höflich, seinen Platz zu räumen. Arnautovic verschwendet angeblich in keinem Augenblick einen Gedanken daran, der Bitte zu entsprechen, und bleibt einfach sitzen. Als er bemerkt, dass Frings sich damit verständlicherweise nicht zufrieden gibt, lächelt er lässig und fragt mit breitem Schmäh: **»Habe ich die Champions League gewonnen oder du?«** Tatsächlich ist der Österreicher zum Beginn der Saison vom Champions-League-Sieger Inter Mailand nach Bremen gewechselt. Tragisch nur, dass Arnautovic dabei offensichtlich etwas Wesentliches verdrängt haben musste. Denn beim Gewinn des Pokals hatte er selbst nicht eine Sekunde für den italienischen Klub gespielt.

Der pfiffige Manager Willi Lemke lässt sich mal wieder etwas komplett Neues einfallen: Familientag bei Werder Bremen. Lemke verkauft das Bundesligaspiel gegen Waldhof Mannheim an einen Sponsor und ist zufrieden: **»12.000 Zuschauer kommen normalerweise zum Spiel gegen Waldhof. Das macht rund 70.000 Mark Nettoeinnahmen. Jetzt habe ich das ganze Spiel für 120.000 Mark verkauft, so dass wir 50.000 zusätzlich verdienen.«** 37.204 Zuschauer sehen im Weserstadion nicht nur einen 2:1-Sieg, sondern auch Moderator Günther Jauch und Sänger Gottlieb Wendehals. Im Bierzelt des Autosponsors wird dieses historische Ereignis noch bis tief in die Nacht gefeiert.

»Für den wichtigsten Posten in der Mannschaft brauchte ich gestandene Leute, die **verantwortungsbewusst und verheiratet** sind. Junggesellen sind da oft leichtsinnig und kicken manches Mal dahinten nur herum, deshalb habe ich Pezzey und Fichtel sowie Bratseth geholt.«

(Otto Rehhagel)

2011: Klaus Fichtel genießt seinen Ruhestand in seinem Haus in Waltrop.

Starschnitt
Uli Borowka

»Aus meiner Sicht sind die Biografien vieler Ex-Fußballer **Micky-Maus-Hefte**. Wenn ich auspacken würde, bräuchte ich zwei Millionen und eine neue Identität.«

Zusammen mit Alex Raack hat er sie dann 2012 doch geschrieben, seine äußerst lesenswerte Biografie »Volle Pulle«!

In dem Buch nennt Uli Borowka stets Ross und Reiter beim Namen – nur ein einziges Mal nicht. Es ist der Abend, als Klaus Allofs seinen Einstand beim SV Werder feiert. Zünftig wie üblich trinkt man sich in Stimmung. Dazu gehört auch, wie Uli Borowka in einer geselligen Runde in Bochum einmal erzählte, dass der neue Spieler stets mit jedem Mannschaftskameraden ein Pinnchen Schnaps trinken musste. Damals umfassten die Kader Gott sei Dank nur maximal 20 Spieler, zu Zeiten eines Felix Magath auf Schalke oder in Wolfsburg wäre dieses Ritual wohl häufig nicht gut ausgegangen. Nachdem man einige Stunden gezecht hatte, zog man schließlich in kleiner Runde noch weiter in ein nahegelegenes Etablissement.

Dort legte man den schlafenden Klaus Allofs in der Küche ab und veranstaltete unter dem Kommando von Borowka im Whirlpool ein **»Wett-Tauchen«**. Als Uli schließlich genug hatte, wollte er sich ein bisschen umsehen. Und so öffnete Borowka in seinem »besoffenen« Zustand die Tür des nächsten Zimmers und entdeckte auf einem Bett einen **»Kerl mit schwarzer Damenstrumpfhose und Stöckelschuhen«**, den er kannte. Ein berühmter Sportjournalist. Borowka rief sogleich: **»Na, du Arschloch«,** und zog die Tür hinter sich zu. In den Wochen danach konnte er sich darauf verlassen, egal wie schlecht er auch spielte, dass stets gesagt wurde:

»Uli Borowka, wie immer einer der besten Männer auf dem Platz!«

»Meine Herren, Sie können nach Ihrer Karriere nicht den ganzen Tag um Ihre Immobilien laufen, sie anschauen und sagen:

›Ach, Gott, sind die schön!‹«

(Otto Rehhagel zu seinen Spielern in der Kabine)

»Die Österreicher wollten mich gleich dort behalten, als Ersatz für Hermann Maier.«

(Felix Magath nach der Rückkehr aus einem Skiurlaub)

»Der Willi hat inzwischen einen anständigen Beruf.«

(Rudi Völler über Willi Lemke und dessen Arbeit als ***Schul- und Bildungssenator*** *in Bremen)*

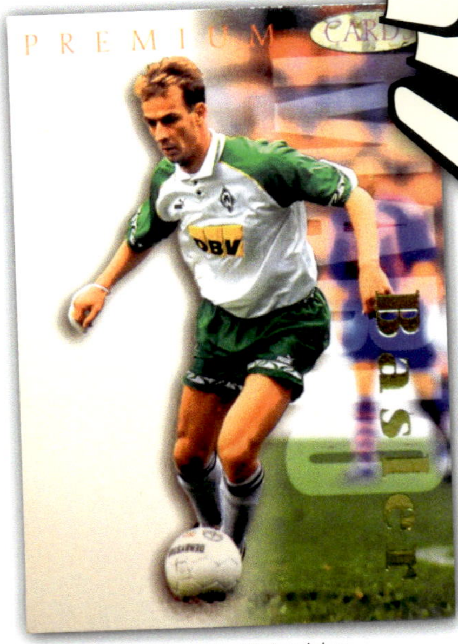

Panini Premium Card der 1990er Jahre

»Es war ganz interessant und handelte von einer Familie. Den Titel weiß ich nicht mehr.«

(Mario Basler auf die Frage, welches Buch er derzeit lese)

Programmheft zum DFB-Pokalfinale 1994

»Wenn ich den Fans den ›Stinkefinger‹ zeige, weiß ich, dass ich im nächsten Spiel ausgepfiffen werde. Das macht mich richtig geil auf das Spiel.«

(Mario Basler)

Hier ist die Welt noch in Ordnung, Hoeneß (l.) und Lemke (r.) prosten sich zu. Dazwischen sitzen Dr. Franz Böhmert und Fritz Scherer. Am nächsten Tag, dem 22. April 1986, wird Kutzop nur den Pfosten treffen …

»Erstaunlich, dass ein Mann mit einem solchen Charakter Minister eines Bundeslandes werden kann und für die Erziehung zuständig ist.«

(Uli Hoeneß über seinen Intimfeind Willi Lemke)

»Der Wahrheit die Ehre zu geben –
das heißt noch lange nicht, sie auch zu sagen …«

(Otto Rehhagel)

»Die Kabine ist so GROSS,
deshalb muss man hier ein bisschen lauter reden.«

(Felix Magath auf die Frage, ob er in der Halbzeitpause des Spiels laut geworden ist)

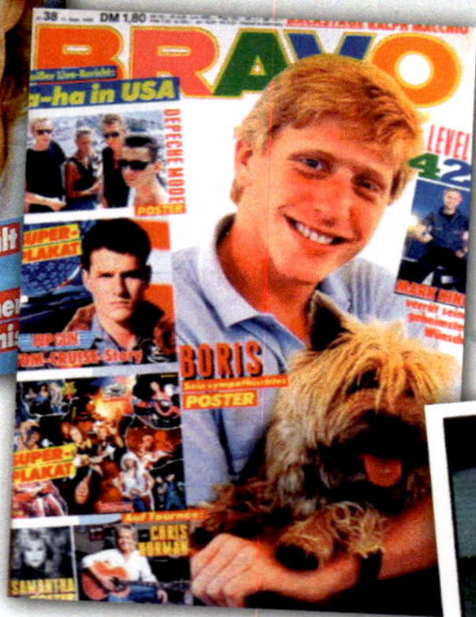

»Stellen Sie sich vor, Boris Becker wirft den Ball hoch, und noch bevor er den Ball trifft, kommt jemand und schlägt ihm einen Ellenbogen in die Seite.«

(Otto Rehhagel über den Unterschied zwischen Tennisprofis und Bundesligastars)

»Es wird Sie wundern, aber der große Biertrinker war ich – zumindest in meinen jungen Jahren – nicht. Aber gefeiert habe ich trotzdem. In einer solchen Situation fällt die gesamte Anspannung einer Saison von einem ab, man ist aufgewühlt und gleichzeitig stolz auf das Erreichte. Ich habe immer gedacht: **›Thorsten, das kann dir keiner mehr nehmen.‹** Vor vier, fünf Uhr war ich bei solchen Anlässen nie im Bett. Nach meinem Ermessen bin ich aber immer neben meiner Frau eingeschlafen.«

(Thorsten Legat über den Gewinn der Deutschen Meisterschaft)

»Es war toll, es war klasse, es war wie ein Albtraum.«

(Thorsten Legat nach einem hohen Heimsieg)

»Ich habe jetzt 'ne Titanplatte im Fuß, damit es am Schienbein des Gegenspielers besser klingelt.«

(Uli Borowka)

Der umtriebige Herr Wolff

»Ich kann jeden Spieler der Welt holen. Egal, ob Indianer, Eskimo oder Chinese«, hat Hans Wolff einmal gesagt. Von 1946 bis Dezember 1975 ist er der **»CHEFEINKÄUFER«** bei Werder Bremen und eine der interessantesten Hinterzimmer-Persönlichkeiten der ersten Bundesligajahre.

Als Wolff Horst-Dieter Höttges verpflichtet, holt er ihn heimlich in einer Nacht-und-Nebel-Aktion aus Mönchengladbach ab. Die anderen interessierten Klubs verlieren die Fährte und sind sauer. Während sich Höttges morgens bei den Wolffs ausschläft, wacht die 16-jährige Tochter vor seinem Zimmer. Vater Hans hat ihr bei der Abfahrt zur Geschäftsstelle eingeschärft: **»Du lässt ihn mir nicht aus den Augen!«** Anschließend kommt es im Büro zu folgendem Dialog mit dem staunenden Sepp Piontek. Wolff: **»Was hast du im Moment vor, Sepp?«** Piontek: **»Nichts Besonderes.«** Wolff: **»Könntest du dich ein wenig um Horst kümmern?«** Piontek, fröhlich: **»Na, wo soll es denn hingehen? Kopenhagen, London, Paris?«** Wolff ernst: **»Paris ist gut. Hier habt ihr 500 Mark. In einer Woche kommt ihr wieder!«** Gut angelegtes Geld, wie sich zeigen sollte!

Horst-Dieter Höttges entspannt mit seiner Frau auf der heimischen Couch (1967).

»Ob rechts oder links,
wo ich auftauchte, war ich schlecht.«

(Mario Basler)

»Ich wurde dafür bezahlt, hier zu arbeiten. Nun werde ich dafür bezahlt, dass ich gehe.«

(Felix Magath)

Ausgerechnet Bayerns Vereinsarzt Dr. Müller-Wohlfarth behandelt Rudi Völler erfolgreich und stellt eine weiche Leiste fest. Mannschaftskollege Benno Möhlmann nimmt den außergewöhnlichen Umstand mit Humor. Als er selbst wenige Wochen später verletzt ist und gefragt wird, ob er auch nach München fahre, antwortet er: **»Lieber nicht. Sonst stellt der bei mir noch eine weiche Birne fest.«** Weniger humorvoll reagieren in Bremen die Medien. Über dem Stürmer bricht ein Gewitter los. Doch Völler ist das egal: **»Ich habe mir wirklich nichts dabei gedacht. Ich fuhr nach München, weil ich mir Hilfe, endlich Hilfe erhoffte. Ich wäre sogar zum Nordpol gefahren, wenn mir dort einer hätte helfen können.«**

»Das **Unbedingt-gewinnen-Wollen** ist im Hotel geblieben.«

(Mario Basler)

»Das interessiert mich wie eine geplatzte Currywurst im ostfriesischen Wattenmeer.«

(Dieter Eilts)

»Ich habe dem Otto Rehhagel früher gesagt, wenn du nicht sitzen bleibst, kriegste **Pattex unter den Hintern**.«

(Wolf-Dieter Ahlenfelder)

»Der schläft doch in Bremer Bettwäsche, den haben sie **grün-weiß** eingewickelt.«

(Erich Ribbeck über Rolf Töpperwien)

»Die Bayern vertragen keine Härte, und ich bin der Erste, der anfängt damit.«

(Thorsten Legat)

»Ich grüße meine Mama, meinen Papa und **ganz besonders meine Eltern**.«

(Mario Basler)

Was es in den 1980er Jahren nicht alles gibt: Wegen einer Hundeschau wird tatsächlich ein Bundesligaspiel des SV Werder verlegt. Eigentlich nicht zu glauben, aber im Jahr 1988 noch möglich. Das Heimspiel gegen Borussia Dortmund muss wegen der Invasion der Vierbeiner etwas später stattfinden.

»Ihr **fünf** spielt jetzt **vier gegen drei**.«

(Fritz Langner)

»Ich akzeptiere den Frauenfußball, aber lieber treffe ich Frauen in der Disko.«

(Mladen Krstajic)

»Mal verliert man, und mal gewinnen die anderen.«

(Otto Rehhagel)

Thorsten Legat hatte einmal einen Termin beim Zahnarzt. Die Sprechstundenhilfe teilt dem Werder-Spieler mit, dass noch eine Röntgenaufnahme notwendig sei, und verlässt das Zimmer. Als sie wenige Minuten später zurückkommt, erwartet sie Thorsten Legat schon freudestrahlend im Behandlungsstuhl – komplett oberkörperfrei!

»Zu meiner Frau habe ich ein **Vater-Sohn-Verhältnis**.«

(Oliver Reck)

Reiner Calmund zu Willi Lemke:

»Mann, Willi, du siehst ja echt aus, als sei 'ne Hungersnot ausgebrochen!«

Lemkes Antwort:

»Und du siehst so aus, als seiest du schuld daran!«

6. Mai 1992: Nach dem Gewinn des Europapokals der Pokalsieger lässt sich Uli Borowka von Dieter Eilts eine Glatze rasieren.

Ben Redelings ...

... ist Deutschlands erfolgreichster Fußball-Komiker, außerdem ist er **Bestsellerautor,** Filmemacher und »der ungekrönte Meister im Aufspüren kurioser Fußballgeschichten« (»Deutsche Akademie für Fußballkultur«). Regelmäßig schreibt er für »Spiegel Online« sowie für die Magazine »11FREUNDE« und »Reviersport«. Nach Meinung der »Jungen Welt« tut er dies sogar »um Längen besser als Nick Hornby«.
1975 in Bochum geboren, wollte er eigentlich Lehrer werden. Nach dem ersten Staatsexamen siegte jedoch die Liebe zum runden Leder. Seine Fußballabende SCUDETTO sind **deutschlandweit** bekannt, regelmäßig ausverkauft und genießen mittlerweile Kultstatus.

Foto: Sascha Kreklau

Ben Redelings hat in den letzten Jahren zahlreiche Bücher im Verlag Die Werkstatt veröffentlicht, sein Buch »Fußball ist nicht das Wichtigste im Leben – es ist das Einzige« war der erfolgreichste Fußballroman 2008 und wurde für das »Fußballbuch des Jahres« nominiert.
»50 Jahre Bundesliga. Das Jubiläumsalbum« schaffte es mehrmals auf **Platz 1 der Sport-Bestsellerliste**.

Termine und Blog:
www.scudetto.de

»Wenn du die Perlen unter den Fußballanekdoten suchst, dann lass den Ben Redelings tauchen. Ich habe das neue Buch, diese 50 Jahre Bundesliga auf meinem Nachttisch liegen. Ich lese jeden Abend drin, und ich schlafe später ein als normal. Das kann man bedauern, aber das Buch ist einfach klasse.«

(Manni Breuckmann)

»Eine Festschrift auf das, was wir alle so sehr am Fußball lieben.«

(11Freunde)

»Man grinst, man staunt, man schwelgt. Man liest.«

(WAZ)

ISBN 978-3-89533-889-2, € 16,90

www.werkstatt-verlag.de

Weitere Bücher zum SV Werder Bremen

Sven Bremer (Hrsg.)
Wunder von der Weser
20 legendäre Werder-Spiele
160 S., Großformat, Hardcover, durchgehend farbig, Fotos
ISBN: 978-3-7307-0015-0
€ 19,90

Spieler wie Wynton Rufer, Dieter Eilts, Valérien Ismaël, Frank Neubarth oder auch Manni Burgsmüller erzählen ausführlich und sehr persönlich über den Verlauf und die Atmosphäre der »Wunder von der Weser« und ermöglichen den Fans Einblicke hinter die Kulissen, die in den normalen Spielberichten fehlen.

»Es ist ein buchstäblich wundervolles Buch geworden.«
(Weser-Kurier)

Olaf Dorow, Sven Bremer
Grün-weißes Werderland
Die Geschichte von Werder Bremen
448 S., Hardcover, viele Fotos
ISBN: 978-3-89533-824-3
€ 24,90

»Ein abgerundetes Werk, das sowohl glänzend informiert als auch brillant unterhält.«
(Neue Osnabrücker Zeitung)

Christoph Bausenwein
Das große Werder-Buch
96 S., A4, Hardcover, durchgehend farbig, zahlreiche Fotos
ISBN: 978-3-89533-933-2
€ 16,90

Das Buch bedient den Wissensdurst junger Fans. Abwechslungsreich und mit vielen Fotos führt sie der Autor durch die Geschichte des SV Werder. Er erzählt u. a. von Pokalen und Meisterschaften und heißen Derbys mit dem HSV. Außerdem werden von Wynton Rufer über Johan Micoud bis Pizzaro die besten Werder-Spieler aller Zeiten vorgestellt. Dazu sorgen kleine Anekdoten und witzige Sprüche für Abwechslung.

www.werkstatt-verlag.de